GABRIEL LETAINTURIER-FRADIN

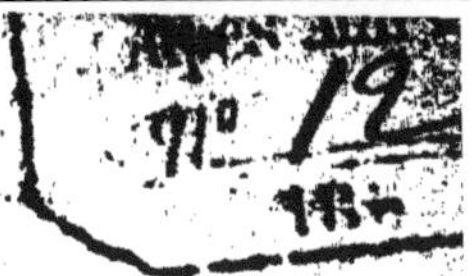

Nice de France

> Non, Nice n'est pas italienne! je le dis avec une entière conviction!
>
> Cavour.

PRÉFACE

DE M. Jules SIMON, de l'Académie Française

PARIS

LIBRAIRIE MARPON & FLAMMARION

E. FLAMMARION, Éditeur

26, Rue Racine, près de l'Odéon

NICE DE FRANCE

GABRIEL LETAINTURIER-FRADIN

Nice de France

Non, Nice n'est pas
italienne! je le dis avec
une entière conviction !

Cavour.

PRÉFACE

DE M. Jules SIMON, DE L'Académie Française

PARIS

LIBRAIRIE MARPON & FLAMMARION

E. FLAMMARION, Éditeur

26, Rue Racine, près de l'Odéon

PRÉFACE

—

Les questions de nationalité sont douloureuses pour les peuples, comme les questions d'état pour les individus. Un peuple, comme un homme, a besoin avant tout de savoir ce qu'il est.

Si la vie était tout entière dans les intérêts matériels, on pourrait sans trop d'inconvénients passer d'un pays à un autre. Mais les attaches morales ne peuvent se prèndre et se quitter avec la même facilité. Il y faut un certain entraînement qui exige le concours du temps et ne s'accomplit que par l'histoire. Un vainqueur dit à une province : « Jusqu'ici tu étais italienne, tu avais les traditions, les mœurs, les goûts, les fiertés de l'Italie. Tu vas quitter tout cela. Tu vivras désormais, non-seulement avec des habitudes nouvelles, mais avec de nouveaux sentiments. L'enthousiasme que tu éprouvais pour la gloire italienne, et pour le génie italien, tu le transporteras à la gloire et au génie français. Tu admireras et tu aimeras ce que tu as jusqu'ici dénigré et méconnu ». Parler ainsi à une partie de l'humanité, n'est-ce pas la retrancher en quelque sorte de l'humanité elle-même ? Il est plus facile d'anéantir un peuple que de le transformer ainsi. Ni l'esprit ne peut penser, ni le cœur ne peut aimer en vertu d'un ordre souverain. Le maximum de ce que puisse faire contre moi la victoire, c'est de me donner la mort.

Quand un peuple est transféré d'une nationalité à une autre, de deux choses l'une : ce transfert remet toutes choses en place, ou au contraire, il constitue un contresens général. Le peuple souffre dans tous les cas, parce qu'il subit une crise violente ; mais dans le premier cas, la crise opère comme un heureux remède qui aboutit après une courte souffrance à un état délicieux ; dans le second, le trouble ne fait que s'accroître par la durée. L'idée de la patrie, avec toutes les forces et les inspirations généreuses dont elle est la source, s'efface dans les âmes ; et ce qui était peut-être jusque-là un grand et noble peuple, ne tarde pas à n'être plus qu'un troupeau.

Nice est une de ces provinces qui ont changé

de drapeau. Mais tandis qu'ailleurs le drapeau a été arraché par la force, des mains qui le tenaient, et des cœurs qui l'adoraient, ici, c'est la population elle-même qui s'est donnée ; la sélection a remplacé la force ; le pays s'est mis à sa place, et a, du même coup, remis toutes choses en place. La soumission d'une province vaincue est une révolution ; l'annexion d'une province récupérée est une restauration. La première est expulsée, et la seconde rentre chez elle. Elle retrouve son passé, son foyer, son avenir. Elle rentre en possession de ses dieux.

Nous autres français, nous n'avons point été étonnés quand Nice s'est donnée à nous ; ou du moins, ce qui nous étonnait, c'est qu'elle eût besoin de se donner, étant nôtre. Elle a tout de suite été de la famille. Nous l'avons bien reconnue. C'est la fille de Marseille, une partie de l'ancien comté de Provence, séparée de nous, mais qui nous était déjà revenue à l'aurore des temps nouveaux, quand la France ouvrait son sein à tous les peuples en leur apportant à tous la liberté. Comme nous nous sentions chez nous à Nice, Nice, en France, se sentait chez elle.

Quand vint l'année terrible, il était impossible que l'idée de séparation ne se produisit pas dans les cœurs timides qui ne présagent que les catastrophes, et dans les esprits troublés, étrangers à l'idée française, et qui n'en comprennent ni la nécessité, ni l'éternité.

Il y eut donc des séparatistes. Il y en eut si peu que c'est à peine si on le sut à Paris. Quelques phrases imprudentes furent prononcées à Versailles. L'assemblée en fit une justice sommaire. Jamais le gouvernement ne s'en préoccupa. Aujourd'hui et depuis longtemps Nice est pour tous les Français une ville française comme Marseille, Lyon ou Paris. Les pensées séparatistes ne se retrouvent qu'à l'état de rêve malfaisant dans quelques recoins des Alpes-Maritimes. C'est rendre service à ceux qui s'y livrent, bien plus qu'à la France, de les dissiper. La France n'a pas besoin qu'on lui dise que Nice est définitivement et irrévocablement française ; mais puisqu'il y a encore des gens, en très petit nombre, qui en doutent, c'est une maladie dont il faut les guérir.

La nationalité d'un pays s'établit par la religion, par la langue, par l'histoire et par le vœu national.

La question de religion est peut-être le plus fort instrument d'assimilation ou de séparation ; mais il n'y a pas, entre la France et l'Italie, de question religieuse. Ce sont deux peuples de mêmes croyances, et de mêmes habitudes d'esprit en fait de croyances.

Il en est de même de la langue. Nice, quand elle était italienne parlait français. Le français est la langue lettrée, la langue civilisée du pays. Le français est aussi la langue courante, la langue populaire. La province, comme la plupart des provinces, et comme toutes les provinces du midi, a un patois ; mais le *patois* niçois est un *patois* provençal.

L'histoire de Nice fait partie de l'histoire française. Nice, quand elle a été italienne, était expatriée. Cette expatriation s'est renouvelée plusieurs fois. Une seule fois, après la Terreur, Nice s'est laissée italianiser sans mot dire. C'est un des bienfaits et une des gloires de ce régime dont on a dit si étrangement qu'il avait été nécessaire à la fondation de l'unité française.

L'unité française ne date pas de 1793. Il y avait sous Louis XIV, quelque chose que le monde appelait la France, et qui n'était pas sans grandeur. Ce qui a contribué à répandre, non pas tant la puissance matérielle de la France que sa puissance intellectuelle, c'est la révolution de 1789, bien autrement grande et profonde que la révolution de 1793. Celle-ci n'a été qu'une émeute. La première est une révolution fondée pour des siècles, et dont l'influence bienfaisante nous protège encore aujourd'hui.

C'est à elle que Nice s'est ralliée il y a un siècle ; c'est à elle qu'elle est revenue par l'annexion volontaire en 1860, et c'est à elle qu'elle appartient à jamais pour son bonheur et pour sa gloire.

Jules SIMON.

LETTRE DE M. FRÉDÉRIC MISTRAL

—

Maillane (B.-du-R.), 23 janvier 1893.

Monsieur,

La thèse que vous vous proposez de soutenir dans votre livre Nice de France est indiscutable pour tous ceux qui connaissent l'histoire, pour tous ceux à plus forte raison qui se sont occupés de philologie romane. Le domaine du Provençal, à l'époque des troubadours, s'étendait même bien plus loin que Nice, à preuve les nombreux poètes originaires de la Haute-Italie (plus de quarante sont connus) qui ne chantaient à cette époque qu'en langue provençale et l'accueil que nos chanteurs recevaient à la Cour de Montferrat (V. la *Biographie Provençale* de Raimbaut de Vaqueiras). Vous devez naturellement avoir connaissance des études excellentes publiées par M. A.-L. Sardou pour démontrer le provençalisme du dialecte Niçard. Vous avez pu y voir que les troubadours nés dans le comté de Nice, tels que Raimon Féraut, ont écrit en provençal tellement populaire que les œuvres de ce dernier en particulier seraient encore comprises aujourd'hui par un illettré de Grasse, de Carpentras et d'Avignon (*Vida de S.-Honorat*). La *Nemaïda* de Rancher orthographiée selon le génie et la tradition de Provence (ainsi que l'a fait M. Sardou dans l'édition qu'il a donnée de ce poète) ressemble absolument à un poëme de l'Ecole Félibréenne, et lue devant un public marseillais ou rhodanien, elle serait à peu près comprise de tout le monde.

L'*a* final qui termine les mots féminins dans le dialecte Niçard n'est pas le moins du monde une preuve d'italianisme. Autrefois cet *a* là existait dans tous les dialectes du Midi et en Catalogne, à Cette, à Montpellier, et dans quelques vallées alpestres, il a persisté comme à Nice. L'*a* final du Niçard n'est pas du reste si éloigné de l'*o* final des Provençaux que ce qu'on pourrait croire. Rancher dans une note de la *Nemaïda* dit ceci : « Lorsque l'*a* final n'a point d'accent, on le prononce fermé, c'est-à-dire avec la bouche moins ouverte que pour les *a* ordinaires ; de manière qu'on peut dire que c'est un *a* muet dont le son ressemble à celui d'un *o*. »

La philologie française et allemande est unanime sur le caractère provençal du Niçard. Voyez P. Diez (*Introduction à la grammaire des langues romanes*, traduite par Gaston Paris) : le Niçard n'est pas compris par lui dans les dialectes attribués à la Haute-Italie. Un éminent linguiste de l'Université de Rome, le comte Angelo de Gubernatis, originaire de Nice par sa famille, me disait l'autre jour que le Provençal régnait non seulement à Nice, mais dans maintes vallées du versant Italien, il est superflu de mentionner à ce propos les vallées vaudoises dont les plus anciens documents, célèbres dans l'histoire, sont écrits en pur provençal encore compréhensible de tout fils de Provence. La passion politique seule et l'ignorance ont pu faire rattacher le parler Niçois au tronc Italien. Cette erreur a été répandue surtout par l'intrusion de l'orthographe italienne, popularisée par les écoles primaires et appliquée au langage local. Mais, rendez à ce langage la graphie de Raimon Feraut, la graphie traditionnelle de la langue du Midi, et vous verrez ressortir sa filiation provençale. Il serait facile du reste de cueillir dans les écrivains Niçards une multitude de mots courants, tels que *peira, bugadiera, tartuga, faioulet, tapera, tian, implun, barrieù, agantà, marrias, bournigoun,* etc., qui sont populaires dans toute la Provence sur plus de cent lieues d'étendue et qu'un italien ne comprendrait pas.

Vous pourriez, pour mettre au pied du mur les italianissimes du pays ou de l'autre côté des Alpes, dresser une liste des noms topiques de Nice, tels que *Rauba-Capeù,* le bastion de *Cinq-Caïre* (au vieux château), *lou Mont-Cau,* etc., (ils doivent abonder dans la région, lieux dits : noms de quartiers ou de rues) et leur demander s'il n'y a pas plus de rapports entre ces mots et la forme provençale (qui est identique), qu'entre les mêmes et les équivalents italiens *Ruba-Cappello, Cinque-Quadri, Monte-Calvo,* etc.

Entre nous soit dit, quelquefois des sots et des misérables ont accusé les Félibres de tendances séparatistes ; mais c'est précisément au sujet de la question Niçarde qu'éclate au contraire la raison d'être patriotique et essentiellement française du mouvement provençal. Car ce n'est que par la diffusion de nos idées et de notre propagande que sera détruit à Nice le préjugé qui donne à cette population des attaches linguistiques avec l'Italie. Je vous en fournis la preuve par l'article que j'ai publié l'an passé dans l'*Aïoli d'Avignon,* sous la signature de *Mestre Franc* et que je vous adresse avec cette lettre.

Recevez, Monsieur, avec mes félicitations pour l'intéressante tâche que vous vous êtes imposée, l'expression de mes sentiments très-distingués.

F. MISTRAL.

LETTRE DE M. CHABANEAU

Professeur de langue et littérature française du moyen âge
à la Faculté de Montpellier

———

Montpellier, le 11 février 1893.

Monsieur,

Que l'idiome de Nice soit une variété du provençal et non du dialecte italien, cela ne fait pour
moi aucun doute et j'ajoute n'en peut faire aucun
pour toute personne, tant soit peu versée dans
l'étude comparative des langues romanes, à qui l'on
fera lire une page de ce qu'on a écrit dans cet
idiome, si défiguré qu'il y puisse être par l'orthographe italienne. J'ai déjà eu l'occasion de m'expliquer, très brièvement il est vrai, mais très nettement, sur cette question, dans un compte-rendu de
la grammaire de MM. Sardou et Calvino, qui a
paru en 1882 dans la *Revue des langues romanes*,
t. 21, pp. 250-251. Comme vous pourriez n'avoir pas
sous la main la *Revue des langues romanes*, je crois
répondre à votre désir, en transcrivant ici le passage essentiel de cet article :

« ..... La langue, loin de pouvoir fournir aucun argument aux séparatistes, dans l'ancien comté de Nice, contredit au contraire formellement leurs prétentions. Le Niçois n'a jamais été qu'une variété du provençal, qui lui-même est un des grands dialectes de la langue d'oc. Nice, par conséquent, n'est pas moins française par sa langue que Marseille, Toulouse ou Limoges. C'est faire acte de patriotisme que de rendre évidente à tout le monde cette vérité ».

Tel était mon sentiment, il y a dix ans ; il n'a point varié depuis. C'est assez vous dire, Monsieur, que si j'applaudissais alors à la tentative de M. Sardou, je ne puis que faire les vœux les plus vifs pour le plein succès d'aussi louables efforts que les vôtres.

Veuillez agréer, Monsieur, l'assurance de mes sentiments les plus distingués.

CHABANEAU.

NICE DE FRANCE

—

AVANT-PROPOS

—

Un séjour de dix années à Nice, et une étude approfondie de son histoire, du langage et des mœurs de ses habitants, nous ont convaincu, que cette ville, Française par son origine, n'avait jamais perdu la marque de cette nationalité, à travers les différents Gouvernements sous lesquels le hasard de la politique l'a successivement placée, et que par son annexion à la France en 1860, elle était retournée à sa patrie naturelle. Voilà ce qu'il faut dire bien haut, voilà le but de notre livre.

La fondation de Nice due à une colonie Phocéenne de Marseille, son passage sous les Gouvernements des Comtes de Provence et de Savoie, les annexions de 1793 et de 1860 y ont laissé l'empreinte ineffaçable et le caractère absolu de ville Française.

L'œuvre que nous avons entreprise est une œuvre historique basée sur des documents dont on ne pourra contester l'impartialité.

Nous nous sommes, en effet, inspiré d'auteurs locaux, tels que Toselli, Gioffredo, Roubaudi, Durante, etc. . . mieux placés que tous autres pour connaître l'histoire de leur pays.

Avec Risso, Roubaudi, nous montrerons que le patois de ce pays est un idiôme Provençal. Les écrivains qui représentent, aujourd'hui, avec une autorité incontestable l'École Provençale : Mistral, Chabaneau, Paul Arène, A.-L. Sardou, etc., nous apporteront l'appui de leurs connaissances spéciales.

Nice est naturellement séparée de l'Italie par les Alpes ; ses intérêts économiques la rattachent à la, France ; elle s'est développée et accrue dans des proportions incroyables, depuis son annexion, alors qu'elle n'avait pu prendre aucune extension sous les gouvernements précédents.

Les Niçois n'ont pas eu besoin de s'assimiler au Pays auquel ils se donnèrent volontairement et définitivement par le vote librement exprimé de 1860. Ayant les mêmes origines et les mêmes tendances que les autres Français, parlant la même langue, ils n'ont eu qu'à suivre leurs aspirations.

Qu'on parcoure leur histoire, qu'on étudie leur langage, qu'on scrute leurs sentiments, cette constatation s'impose comme vérité absolue : Le comté de Nice est une province française au même titre que la Normandie, la Franche-Comté, la Bourgogne qui furent, elles aussi, séparées longtemps de notre pays.

. . . .

. . . .

Notre œuvre sera utile, parce qu'elle aidera à dissiper un malentendu qu'on a essayé de provoquer pour troubler l'amitié naturelle de la France et de l'Italie.

Nice de France est un travail personnel ; nous en revendiquons l'entière et absolue responsabilité. Elle n'a subi aucune influence ; elle est l'expression indépendante de nos convictions. Notre manuscrit n'a été communiqué qu'à l'homme éminent, qui, nous donnant une grande preuve de sa bienveillance, a écrit la belle préface que nous sommes heureux de placer en tête de notre ouvrage.

On pourra contester la valeur de ce livre ; on ne pourra contester son but, éminemment patriotique.

PREMIÈRE PARTIE

———

LE PASSÉ

CHAPITRE PREMIER

—

NICE ET SON ORIGINE

—

Sans nous attarder aux récits des légendes poétiques qui nous montrent Hercule poursuivant les Liguriens et, après avoir passé le Var, faisant pleuvoir, grâce à la complaisance du dieu Jupiter, une grêle de pierres sur ses ennemis, nous dirons, avec les principaux historiens qui se sont occupés de l'histoire de Nice, que l'origine de cette ville remonte au moins à trois ou quatre cents ans avant Jésus-Christ. Ce furent des Grecs Phocéens qui en posèrent les premières bases, leurs excursions mercantiles les poussant à se créer aux environs du centre de leur commerce (Marseille) des refuges en même temps que des débouchés. Mais les Phocéens Massaliottes avaient compté sans les Liguriens, surnommés Liguriens chevelus qui, eux aussi, occupaient une partie du territoire sur lequel les Phocéens venaient de jeter leur dévolu, et qui virent d'un très mauvais œil ce voisinage gênant. Il fallut bientôt en venir aux mains, et des combats sanglants s'engagèrent, qui finirent par la victoire des Phocéens. Ce serait même, d'après les écrivains les plus autorisés, au souvenir de cette victoire que Nice dut le nom grec de *Niké* : victoire. Aucune autre origine attribuée à la Ville de Nice n'a jamais été sérieusement discutée, et il est hors de doute que c'est aux Phocéens qui avaient bâti Marseille que nous devons également la fondation de Nice. On a prétendu aussi que cette cité ne conserva pas toujours son nom, et qu'au temps de Charlemagne elle s'appelait Bellanda, c'est-à-dire Belle Terre, du mot bas-latin *bella* et du mot celtique *landa* (terre). Cette dénomination, en admettant qu'elle se soit appliquée à la ville elle-même, fut d'ailleurs bien éphémère, et Nice ne tarda pas à quitter son nom poétique de Bellanda, pour reprendre le nom mieux approprié de Nice.

Une revendication tardive. On a dit aussi que le nom de Nice viendrait d'un nom très commun dans l'ancienne Ligurie, *Nicius*. Cette allégation ne repose sur aucun fondement, et nous nous étonnons qu'on ait conclu de là, à l'origine génoise et non phocéenne de Nice. Il faut être vraiment bien à court d'arguments pour venir, malgré des historiens dont les sentiments italiens ne font cependant aucun doute pour personne, tels que Gioffredo, Roubaudi, Toselli, nier l'origine marseillaise, disons le mot, provençale de Nice.

Marseille qui avait donné le jour à la cité de Nice, lui donna également une constitution, et le premier mode de gouvernement qui y fut établi, fut ainsi une sorte de petite république.

La première Constitution niçoise.

Mais les Liguriens n'avaient pas vu sans ennui s'élever à côté d'eux une rivale ; ils ne tardent pas à faire des incursions sur son territoire, et Nice est bientôt forcée de chercher aux environs, un endroit pour y fonder un établissement qui servira de débouché, et au besoin de refuge, à ses habitants. Ce fut sur la rive droite du Var, que s'éleva cette nouvelle cité qui reçut le nom d'Antipolis (en face de la ville), actuellement appelée Antibes. Nice n'avait pas choisi sans raison, l'emplacement de la nouvelle cité. Elle tenait le plus possible à se créer des positions qui la rapprochassent de la ville-mère, à qui elle devait bientôt faire un appel direct, pour la protéger contre les attaques trop souvent renouvelées et

toujours plus audacieuses des peuplades ligurien-
nes. Mais Marseille qui, elle aussi, ne pouvait
se défendre que difficilement contre les mêmes
ennemis, dut faire appel à la protection romaine, protection qui lui fut accordée, ainsi qu'à
Nice.

Cette protection entraîna les deux villes dans
la lutte que Rome soutint contre Carthage. Dans
cette lutte, les Liguriens prirent naturellement
parti pour les ennemis des deux cités, et se
mirent à la suite des armées d'Annibal.

Nice fut alors en butte à des attaques terribles.
Des légions romaines accourues à son secours
sont détruites. De nouvelles légions sont en-
voyées, et une guerre à outrance s'engage, qui
amène bientôt la destruction complète des Saliens
liguriens.

On put croire alors que Nice allait jouir enfin
du calme que la victoire des troupes romaines
devait lui assurer. Il n'en fut rien, car elle se
trouva bientôt mêlée aux discordes civiles qui
mirent le trouble à Rome.

Nice se jette dans la lutte aux côtés de Pom-
pée, ce qui amène devant ses murs les armées
de César qui s'emparent d'abord de Cimiez, et ne
tardent pas à rentrer dans Nice elle-même.

Nous venons de parler de Cimiez ; disons un mot de cette ville voisine de Nice, qui resta long-temps sa rivale et souvent sa dominatrice, et dont le hasard des siècles a fait aujourd'hui un simple quartier de la ville.

Lors des premières luttes que Nice eut à soute-nir contre les peuplades de la Ligurie, les terri-toires désignés sous le nom de Céménéens offrirent un refuge à une de ces peuplades, celle des Védiantiens, qui s'y établit peu après d'une façon permanente, et y bâtit une ville qui fut nommée Céménélion (Cimiez).

A l'origine, Cimiez fut donc *l'ennemie* déclarée de sa voisine, et cette rivalité, nous l'avons dit, devait se prolonger durant plusieurs siècles.

Au moment où les discussions intestines de Rome avaient amené les armées de César sous les murs de Cimiez, cette ville était toujours, sinon l'antagoniste de Nice (le hasard d'un danger commun leur avait forcément imposé une alliance momentanée), du moins sa rivale. Et, cette rivalité persiste sous le règne d'Auguste, pendant lequel Cimiez voit son territoire s'agrandir. Elle est choisie comme chef-lieu d'une province romaine, voit s'élever de tous côtés des monuments grandioses, et peut considérer Nice comme sa vassale, bien que Rome ait conservé à cette dernière son indépendance politique et juridique.

Nous arrivons à la période où le christianisme commence à faire sentir son influence. Nice qui fait partie de l'empire romain assiste aussi aux tristes luttes, auxquelles donnent lieu les rigueurs de ses empereurs, contre la nouvelle religion. Ainsi que Cimiez, elle voit tomber des martyrs, et elle ne recouvre sa tranquillité que lorsque l'avénement de Maximien met un terme aux persécutions religieuses. Ce calme se continue avec l'empereur Constantin, pour amener bientôt un cataclysme qui détermine un arrêt dans son histoire.

Les barbares qui s'emparent de Rome, poussent leurs incursions en Provence, et nous voyons Nice, à la fin du IIIe siècle, réduite au *rang* d'une simple bourgade malheureuse, dont les habitants sont en proie à la plus grande misère.

Nice subit ensuite diverses dominations, et tombe au pouvoir d'Augustule, pour être bientôt choisie comme ville frontière entre les terres d'Odoacre, général d'Attila, et celles d'Euric, roi des Visigoths. C'est à ce moment que le Var est pris, pour la première fois, comme ligne de démarcation entre Nice et la Provence.

Cette cité passe alors tour à tour sous le gouvernement de la République de Gênes et celui des Francs, par lequel elle fait retour à sa mère-patrie, la Provence. Charlemagne la visite, et y laisse des traces de sa générosité. Aussi trouvons-nous, dit Toselli dans son *Précis historique de Nice*, au nombre des paladins qui suivirent Charlemagne en Espagne, divers Niçois qui se signalèrent par leur bravoure, et parmi lesquels on remarque le comte Odon (avec ses hommes des Alpes-Maritimes) ; Roland, Richard Miron, Armand de Bellanda, etc...

L'histoire marque ici une nouvelle destruction de Nice, due à l'invasion de la Provence par les Sarrasinois.

Lorsqu'il nous est permis de retrouver le fil de son histoire, nous voyons Nice gouvernée par un triumvirat composé de Franco-Raimbald, Laugiero et Guillaume Assalit, et placée sous la dépendance directe du comte de Forcalquier, Ermengaud d'Urgel.

CHAPITRE II

—

NICE ET LA PROVENCE

—

Le hasard ne tarda pas à mettre Nice sous la domination du comte de Provence, Bérenger Ier, dont elle réussit à secouer bientôt le joug ; elle proclame alors le gouvernement républicain. Son attitude courageuse amena le successeur de Bérenger Ier, Alphonse Ier roi d'Aragon, devenu comte de Provence, à traiter avec la république de Nice, le 8 juin 1176.

Dans ce traité, Alphonse reconnaissait à la ville de Nice, la confirmation à perpétuité du consulat avec indépendance civile et juridique. Il se contentait du titre de suzerain et d'un modeste impôt annuel. Nice jouit alors d'une longue période de paix, pendant laquelle ses magistrats la dotent de sages règlements, donnent de l'essor

à son commerce, assurent à tous, le bien-être et
l'aisance. Ses privilèges sont de nouveau recon-
nus en 1208, lorsqu'elle prète serment de fidélité
au jeune fils d'Alphonse Iᵉʳ — Raymond-Bé-
renger.

Les Génois, jaloux de la prospérité de la ville
de Nice, tentent bien un coup de main contre
elle, mais sans succès ; car malgré la trahison
de l'évèque d'Antibes, Guillaume Grimaldi, génois
d'origine. la flotte de la république de Gènes ne
peut forcer Nice à se rendre. Mais cette ville qui
se sent menacée, à l'extérieur par des ennemis
puissants, à l'intérieur par la rivalité et l'ambition de plusieurs de ses habitants, tente un coup
d'audace, déchire le lien de vassalité qui l'unit
encore au comte de Provence, et proclame purement et simplement le gouvernement consu-
laire. Cet acte d'indépendance amène le comte de
Provence à prendre les armes contre elle ; il
s'empare sans peine de la ville, mais ne se sert
de sa victoire que pour lui donner une nouvelle
période d'apaisement et de prospérité.

Bérenger IV étant mort, ses droits reviennent
à sa fille Béatrix qui épouse Charles d'Anjou. Un
des premiers actes du nouveau souverain, est
d'apporter à l'œuvre que son frère St-Louis

avait entreprise à Jérusalem en faveur du St-Sépulcre, le contingent de forces et de navires que lui procurent ses nouveaux sujets. Mais il revient bientôt dans ses états, rappelé par les attaques que ne cessent de diriger contre les villes de provence, les galères génoises. Pendant cette période, Nice avait perdu sa splendeur et son opulence ; son commerce était anéanti, et Charles d'Anjou essaye de réagir, en décidant que les vaisseaux de Nice faisant le commerce avec Naples et les Deux-Siciles qu'il venait de conquérir, lorsque le pape Innocent V l'avait appelé à son secours, seraient exempts de tous droits.

Cette immunité accordée aux commerçants Niçois, ainsi que les faveurs concédées par le roi Charles aux Colons de Provence qui avaient émigré vers le royaume de Naples, fut une des causes de la sanglante révolte que l'histoire a baptisée du nom de Vêpres Siciliennes, *et dans laquelle périrent plus de cinquante familles Niçoises.* A la nouvelle de cet atroce massacre, Nice et la Provence ne pensent qu'à venger les leurs lâchement assassinés. Des flottes s'organisent en quelques jours, vont se ranger sous la bannière de Charles d'Anjou ; mais ces efforts restent vains, et le malheureux roi, malgré tout le courage de

ses armées, est battu. Il meurt peu de temps
après, laissant son fils prisonnier aux mains du
roi d'Aragon.

Nice devait d'ailleurs reconnaître la générosité
que ne lui avait jamais ménagée le défunt roi
Charles. Pour la rançon de son fils Charles II, le
roi d'Aragon exige qu'un certain nombre de
jeunes gens de la Provence soient envoyés à sa
cour, comme otages. Nice offrit trois jeunes gens
des meilleures familles.

Il est également juste de reconnaître que
Charles II d'Anjou continua la sage politique
de son père, qu'il octroya ses faveurs, et même
de nouveaux privilèges à la ville de Nice ;
aussi lorsqu'il laissa, en mourant, la couronne à son fils Robert, vit-on accourir sous
la domination de ce dernier, les princes souverains voisins. De son côté, la République de
Gênes lui offrait le titre de seigneur pendant dix
années.

Un des premiers faits du nouveau roi fut de
diriger une campagne contre Naples et les Deux-
Siciles. Dans cette entreprise, l'escadre Niçoise
lui fût d'un grand secours. C'est pour le reconnaître que, quelque temps après, lorsque Nice
fût en proie à la famine, Robert fit venir des
approvisionnements des points les plus éloignés.

A la mort de Robert, la couronne tombe aux mains de sa fille Jeanne, dont il est inutile de rappeler ici la jeunesse mouvementée. On sait qu'elle fut accusée par son beau-frère, d'avoir assassiné son mari. Le jugement que rendit le Pape, reconnut que Jeanne était innocente du crime qui lui était reproché. Nice accueillit sa réhabilitation avec les transports de la joie la plus vive et, bien que décimée par un terrible fléau, la peste, ses maisons bouleversées par un tremblement de terre, elle courut avec sa reine à la nouvelle conquête de Naples et du royaume des Deux-Siciles. Entre temps, la République de Gênes se déliait du serment de fidélité qu'elle avait donné à Robert. Malgré des offres habilement faites, malgré l'esprit ambitieux et remuant de quelques-uns de ses habitants, Nice resta sourde à toute tentative dirigée contre Jeanne, à qui elle reste fidèle dans la bonne fortune comme dans la mauvaise.

CHAPITRE III

—

NICE ET LA SAVOIE

—

Les troubles qui marquèrent la fin du règne de la reine Jeanne, amenèrent la ville de Nice à choisir un nouveau souverain. Ce fut sur Amédée VII, comte de Savoie, plus connu sous le nom de *Comte rouge*, que se fixa le choix des notables de la Cité, choix que justifiait en tous points, la renommée guerrière et la grande valeur personnelle d'Amédée. La date du 28 septembre 1388, à laquelle fut signé le traité de concession du territoire de Nice à la Savoie, marque pour cette ville une deuxième étape. Le traité fut important, autant par la clause qui la plaçait sous la souveraineté du *Comte rouge*, que par les articles restrictifs qui y furent apportés, et sur lesquels devait se baser, plusieurs siècles après,

(il y a une trentaine d'années), les réclamations de
ceux qui ne voulurent pas reconnaître l'annexion
volontaire de Nice à la France. Ces articles stipulaient que le comte de Savoie, tout en ayant
le droit de souveraineté sur Nice, n'aurait, ni
lui, ni ses descendants, le droit de la placer sous
la dépendance d'un autre prince. C'est-à-dire que
Nice entendait bien se donner au comte de Savoie et reconnaître ses droits d'hérédité, mais
qu'elle voulait aussi garder son indépendance,
dans le cas où la politique aurait imposé à
Amédée ou à l'un de ses descendants, la nécessité de céder Nice à un autre prince. Cette
restriction se comprend d'ailleurs dans l'esprit
indépendant, inséparable de l'esprit de patriotisme, qu'on remarque toujours chez les habitants
de Nice.

Origine de la maison royale de Savoie. Il nous paraît opportun de dire quelques mots
sur la famille du *Comte rouge*. Il est hors de
doute qu'Amédée VII était le descendant direct
d'Humbert Blanche-Main, prince d'origine bour-
guignonne. Les descendants de ce prince furent,
à peu d'exception près, les amis fidèles et les
alliés des rois de France, dont ils se rappro-
chaient, d'ailleurs, par les liens du sang et la simi-
litude du langage.

Par un scrupule qui honorait les Niçois de cette époque, ceux-ci se crurent obligés de demander au roi de Naples, Ladislas, descendant de la reine Jeanne, la ratification du traité qui les liait à la Savoie: Ladislas s'empressa d'approuver la cession du territoire de Nice, le 30 mars 1389, avec les réserves qui lui avaient été soumises, et par lesquelles il conservait pendant trois ans le droit de reprendre ses droits.

Le nouveau souverain réalisa les promesses que son avènement avait fait naître. Sous son administration sage autant que ferme, Nice connut de nouveau les beaux jours que lui avait valu la suzeraineté des comtes de Provence.

Mais un accident imprévu, dans lequel le comte Amédée trouva la mort, fit cesser, ou tout au moins vint interrompre, cette ère de prospérité. Son fils qui lui succéda était à peine âgé de huit ans, et Nice put redouter les attaques, surtout celles du prince d'Anjou, qui allaient se livrer contre son indépendance. La tutelle du jeune prince échut heureusement aux mains de Bonne de Bourbon, sa mère, qui se montra la digne et ferme héritière des qualités qui avaient distingué son mari.

Trois années se passent sans que Ladislas réclame ses droits à la souveraineté de Nice. Les notables du pays n'ont plus alors qu'un désir, celui de reconnaître, par un acte formel, leur réunion absolue au comte de Savoie. Cet acte important s'accomplit le 16 novembre 1391 et quelques années plus tard, pendant lesquelles Amédée dut lutter contre les rivalités des seigneurs des environs de Nice, Ladislas signait à Viterbe un acte de renonciation définitive de tous ses droits.

L'inimitié des deux papes, Grégoire XII et Benoît XIII, vint faire de Nice le théâtre des principales scènes de ce drame religieux. A cette période de troubles, Amédée eut le légitime désir de faire succéder une période de calme et de tranquillité. Il y réussit d'abord, mais son œuvre fut arrêtée par la reprise des haines séculaires qui existaient entre deux partis niçois : les Grimaldi et les Caïs. Les autres familles prirent fait et cause pour l'un ou l'autre, et il arriva un moment où Nicode de Menton, représentant du comte de Savoie, dut intervenir directement pour éteindre la guerre civile qui s'était allumée. Nicode assemble un tribunal qui se montre d'une sévérité inexorable : sa sentence condamnait les principaux chefs de la révolte à l'exil ; elle spécifiait de plus, la suppression des franchises municipales de la ville de Nice. Le gouverneur craignit avec raison que la dernière partie de la sentence n'allât au-delà du but à atteindre. On pouvait, en effet, prévoir que les Niçois ne se laisseraient pas déposséder des immunités dont ils avaient toujours joui, sans faire entendre les plus vives protestations. Aussi, Nicode s'empressa-t-il de soumettré le jugement à la haute approbation du prince, qui en modifia le texte, et en atténua la sévérité.

Les lettres patentes signées à Thonon, le 12 mai 1438, confirmèrent les anciens privilèges ; une amende fut seulement imposée aux habitants, avec la suspension, pendant dix ans, du privilège dont jouissaient les consuls, de garder les clefs de la ville.

De cette époque, datent les fortifications qui furent élevées sur la partie de Nice désignée sous le nom de château.

La guerre religieuse continuait toujours, et lorsque la tiare fut offerte à Amédée VIII que la perte de sa femme Marie de Bourgogne tenait enfermé dans son château, cette solution parut à tout le monde la plus raisonnable et la mieux capable de faire cesser des rivalités qui avaient déjà trop longtemps duré.

En prenant possession du siège de la papauté, Amédée VIII abandonna la couronne ducale aux mains du duc Louis, son fils, que les caprices et l'ambition de sa femme Anne de Lusignan, allaient pousser à des campagnes lointaines et infructueuses.

Cette politique amena les corsaires à faire dans les environs de Nice, des incursions que seule une répression rigoureuse put réprimer.

C'est alors que se produisit un incident qui, sous une forme religieuse, et peu importante en apparence, devait avoir de graves conséquences. L'évêché de Nice étant devenu vacant, le Chapitre de la Cathédrale crut, en se fondant sur d'anciennes chartes, avoir le droit de choisir le nouveau titulaire. Mais ces prétentions ne furent admises, ni par le duc Louis, ni par le pape Pie II, qui annula la décision des chanoines niçois, et nomma l'évêque de son choix. Ce fait, joint aux incursions des corsaires, permit à René d'Anjou, comte de Provence, d'émettre des prétentions sur Nice.

Ses réclamations restèrent sans effet auprès du duc Louis qui, toutefois, ne comptant que médiocrement sur ses propres forces, voulut intéresser à sa cause le roi de France Louis XI, son gendre. Le roi fit de sévères remontrances au comte René, et lui donna à entendre qu'en cas de guerre, il n'hésiterait pas à joindre son armée à celle du duc Louis.

La protection de Louis XI valut donc à la ville de Nice d'être préservée d'une guerre où elle aurait forcément laissé une partie de sa richesse et de sa prospérité.

Le duc Louis mourut, laissant la couronne à son fils Amédée IX. Sous son règne, Nice fut encore dévastée par la peste.

La couronne d'Amédée IX échut à son fils Philibert Ier, âgé de six ans. La régence fut d'abord confiée à la mère du jeune prince, la duchesse Yolande, dont la faiblesse était naturellement escomptée par des nombreux partis qui n'attendaient qu'une occasion pour s'emparer du comté de Savoie. Yolande se voyant menacée de tous côtés, fait un appel à ses fidèles Niçois qui, sous la conduite du gouverneur de la ville d'Orly de Saint-Vincent, vont se faire massacrer.

Le moment était critique, le comté de Savoie allait disparaître, lorsque Louis XI, se souvenant du rôle protecteur qu'il avait toujours joué en

Les comtes de Savoie et la France.

faveur des ducs de Savoie, guidé d'ailleurs par des sentiments de profond politique, s'empare de la régence, et confie le gouvernement de Nice au seigneur Philippe de Bresse, oncle du jeune prince Philibert.

Le nouveau gouverneur reconnaît solennellement les anciens droits et privilèges de Nice, restant ainsi fidèle à la devise des rois de France envers ce pays, et qui peut se résumer par ces deux mots : Bienveillance et protection.

Cette politique ne devait malheureusement pas être suivie par les successeurs de Louis XI, Charles VIII, Louis XII et François Ier devenus des ennemis, le jour où le comté de Provence fut réuni à la couronne de France.

Première revendication de la France sur Nice.

Au mois de mars 1518, François Ier réclame au duc de Savoie, la possession de la ville de Verceil. Le duc répond par un refus, et à tout hasard, ordonne que les fortifications de Nice soient rapidement achevées. A quelque temps de là, il vient lui-même visiter les travaux ; il est reçu avec un enthousiasme aussi grand que celui qui avait accueilli, trente années auparavant, son grand-père le duc Charles Ier, accourant également pour défendre Nice contre les tentatives de Charles VIII.

Mais Nice ne devait que plus tard devenir, le point de mire véritable sur lequel François Ier porterait ses attaques.

Le mariage du duc Charles, avec l'infante Béatrice de Portugal, célébré à Nice, donna à cette ville le spectacle magnifique de deux cours réunies. La Cour Portugaise surtout, éblouit les Niçois par son luxe et son faste.

Ces fêtes devaient malheureusement marquer le commencement d'une ère douloureuse. La peste reparaît, faisant de nombreuses victimes, et donnant une rude atteinte au commerce local.

La rivalité de Charles-Quint et de François Ier fut également funeste pour Nice, soit qu'elle fût l'objet des convoitises du connétable de Bourbon, soit qu'elle fût le rendez-vous des armées indisciplinées du duc de Montmorency..

François Ier et Charles-Quint avaient résolu de soumettre les différends qui les divisaient à un arbitre, et fixé dans ce but une entrevue avec le pape Paul III. Nice fut choisie comme rendez-vous ; non pas la ville elle-même, mais son territoire. A son arrivée Paul III voulut pénétrer avec les soldats qui l'accompagnaient dans la citadelle ; mais les Niçois secrètement encouragés

François Ier et Charles-Quint à Nice.

par François Iᵉʳ s'y opposèrent, se souvenant de l'entrée de l'armée du duc de Montmorency, et voulant garder, dans cette question, une neutralité complète.

Charles-Quint établi à Villefranche ne vit pas d'un bon œil cette opposition des Niçois ; il ne cacha pas son mécontentement au duc Charles, qui fit à l'Empereur la promesse de donner bientôt au Pape, libre entrée dans la citadelle Bellanda.

Le duc avait compté sans la ténacité et l'esprit toujours frondeur des Niçois, qui ne craignirent pas de lui rappeler les immunités et les droits dont ils avaient l'exercice. Ils lui déclarèrent que sa qualité de Prince Souverain ne lui donnait pas le droit d'abdiquer entre des mains étrangères ; et, qu'ils s'opposeraient à ce que le Pape entrat dans leur citadelle. accompagné de ses troupes.

Devant une telle fermeté, le duc Charles dut avouer son impuissance, et comme Paul III, Charles-Quint renonça à ses prétentions.

Il fut donc décidé que l'entente entre François Iᵉʳ et le pape Paul III, aurait lieu aux environs de Nice, au quartier des Baumettes.

Le 2 juin 1538, jour de cette entrevue, fut l'occasion de grandes démonstrations d'apparat et de luxe ; une deuxième conférence n'aboutit à aucun résultat.

En désespoir de cause, le pape Paul III renonça à rapprocher les deux rois ennemis, et se contenta de leur proposer une trêve de dix ans.

Ce traité signé le 18 juin 1538 par Charles-Quint et François Ier, imposait au duc de Savoie l'obligation de n'ajouter, pendant la durée de la trêve, aucune fortification à la citadelle de Nice.

En vue de perpétuer le souvenir de cet acte, les Consuls de la ville décidèrent qu'une croix commémorative serait élevée à l'endroit même où s'étaient tenues les conférences entre François Ier et le pape Paul III. La croix a disparu, mais son piédestal existe encore sur la place dite Croix-de-Marbre.

Tous ces événements avaient épuisé les finances du duc de Savoie, et l'avaient grandement affecté. On lui persuada de réclamer au roi de France les territoires savoyards que celui-ci détenait, l'assurant que cette démarche serait suivie d'un plein succès. Le duc se décide donc a envoyer des ambassadeurs à François Ier. Loin d'accepter les réclamations soumises, le roi émit la prétention de réunir le comté de Nice à son royaume. Charles III prit alors le parti de s'adresser à l'empereur Charles-Quint. C'est à ce moment que les hostilités recommencèrent.

François Iᵉʳ avait cru faire œuvre politique, en s'alliant avec Soliman, empereur des Turcs. Cette alliance, au contraire, en lui attirant la haine de toute la chrétienté, ne devait lui donner aucun résultat satisfaisant.

Les premiers efforts du roi et de son allié furent dirigés contre Nice.

Tandis qu'une armée formidable vient se placer du côté du Var, une flotte très importante menace la ville du côté de la mer.

Avant d'ordonner l'attaque, François Iᵉʳ envoya un parlementaire pour déclarer aux notables niçois, que la soumission de la ville n'entraînerait pour elle la perte d'aucun privilège, que tous ses droits et toutes ses immunités seraient scrupuleusement garantis.

Nice menacée. Ces avances furent repoussées, et la lutte commença, lutte héroïque s'il en fut. Les troupes franco-turques escaladent la citadelle. Déjà, le drapeau ottoman flotte sur les murs de la ville, lorsqu'une femme du peuple, trouvant une énergie surhumaine dans son patriotisme, Catherine Ségurane, digne émule de Jeanne Hachette, vole aux premiers rangs des combattants, les exhorte à la défense, arrache le drapeau turc. Les assiégés redoublent alors de courage et la ville est sauvée.

L'échec de leur tentative ne découragea pas les alliés, bientôt aidés dans leur entreprise par un niçois lui-même, Jean-Baptiste Grimaldi, seigneur d'Ascros, qui, à la tête d'une troupe de Provençaux s'avance jusqu'aux portes de la ville. Nice allait infailliblement tomber aux mains des assiégeants. Réduits à la dernière extrémité, ses défenseurs sont forcés de se soumettre aux troupes françaises, qui ne peuvent toutefois pénétrer dans la citadelle.

Un événement imprévu, et la nouvelle de l'arrivée prochaine du duc de Savoie, vinrent changer la face des choses. Les Français et les Turcs ne s'accommodaient guère de l'union fortuite que le hasard de la politique leur avait imposé. Le moindre incident devait la rompre. Le commandant des troupes françaises qui avaient pénétré dans Nice, voulant forcer les portes de la citadelle, demanda des munitions au commandant des troupes turques. Désireux sans doute d'agir pour son propre compte, et trouvant là une occasion de satisfaire ses rancunes religieuses, celui-ci fît la sourde oreille, et le résultat de son silence fut la retraite des troupes françaises.

Barberousse, après plusieurs vaines tentatives, fait débarquer nuitamment ses troupes qui se livrent alors au plus sauvage des pillages. Les maisons sont détruites, les femmes et les enfants enlevés et jetés au fond des galères turques qui lèvent aussitôt l'ancre. La flotte que Charles-Quint envoyait au secours du duc Charles rencontre, fort heureusement, les bâtiments du féroce corsaire, à qui elle livre victorieusement bataille. Elle le force à rendre tous ses prisonniers. Peu après, le duc Charles arrive, et avec lui la confiance renaît au cœur des Niçois. Mais il est bientôt rappelé à sa cour, et son départ amène de nouveau en vue des côtes Niçoises, les galères de Barberousse qui viennent encore exercer de nombreux ravages.

Cette situation ne pouvait durer plus longtemps. Le pape Paul III fait une nouvelle tentative auprès des deux ennemis François Iᵉʳ et Charles-Quint, et grâce à ses généreux efforts, le traité de Crépi est enfin signé, le 14 octobre 1544. Par ce traité, François Iᵉʳ faisait abandon

François Iᵉʳ
abandonne
ses
prétentions
sur Nice.

de ses prétentions sur le comté de Nice, qui voyait ainsi finir une ère malheureuse de trouble qui n'avait que trop duré.

La période qui suivit allait pourtant être marquée par de nouvelles infortunes ; une terrible inondation survint en 1544, l'année même du traité de Crépi, et cinq années plus tard un retour offensif de la peste.

Le duc Charles III ne devait pas survivre longtemps aux événements mouvementés de son règne. Il meurt le 16 septembre 1553, laissant à son fils, Emmanuel-Philibert, qui commandait alors les troupes de l'empereur Charles-Quint, une succession difficile. Un des premiers actes du nouveau souverain fut de continuer la tradition de ses ancêtres, en venant visiter la ville de Nice. Il y fut reçu avec le plus grand enthousiasme. De son côté, il s'efforça de prouver à la Cité fidèle, son amour et sa reconnaissance.

Emmanuel-Philibert s'appliqua d'abord à soulager la misère profonde que des guerres successives, des maladies, et en dernier lieu la disette, avaient semée parmi les habitants.

Il s'occupe ensuite de combattre pour la foi et réunit à Nice le conseil de l'Ordre militaire religieux des SS. Maurice et Lazare.

Voulant enfin supprimer les éléments de discorde qui existent, il achète les comtés de Tende et de Oneille, qu'il réunit au comté de Nice.

Son œuvre est à peine achevée, lorsque la mort vient l'arracher à l'affection de son peuple. Il est remplacé par son fils Charles-Emmanuel Ier. Celui-ci, imbu de la même politique, vient aussitôt à Nice pour y célébrer son mariage avec une infante d'Autriche.

Henri IV venait de monter sur le trône et avec son avènement, avait commencé une nouvelle période de guerres religieuses. La Provence se soulève contre le Béarnais, et à son appel, le duc Charles-Emmanuel court prendre, avec le titre de lieutenant-général de la Provence, le commandement en chef des armées provençales et niçoises levées contre le nouveau roi.

Henri IV revendique Nice.

Après quelques victoires facilement remportées, l'armée du duc est obligée de reculer, et bientôt, le comté de Nice est envahi par les soldats du duc de Guise. Ceux-ci s'emparent des villes situées au nord du comté ; ils atteignent rapidement les bords du Var qu'ils occupent sans difficulté ; mais leurs attaques viennent s'arrêter impuissantes contre les murs de la ville.

Celle-ci, de nouveau en proie à la disette, aux épidémies, épuisée par une longue résistance, paraissait irrémédiablement perdue. La cour de Rome la sauva cette fois encore. Un congrès se réunit à Lyon le 17 février 1601 ; Henri IV signe un traité aux termes duquel il renonce au Comté de Nice.

La période qui suit, quoique moins troublée, ne donne pourtant pas à la Ville de Nice le calme dont elle avait tant besoin. De nouvelles inondations, la peste, un terrible tremblement de terre, viennent s'opposer aux efforts généreux que fait le duc Charles-Emmanuel. Des troubles intérieurs suscités par l'ambition séculaire des Grimaldi, accrus par les brigandages que ne cessent de commettre une bande de pirates recrutée dans la ville elle-même, éclatent. **Dissensions intestines.**

Le Sénat de Nice, nouvellement institué par le duc Charles, sur le modèle de ceux de Turin et de Chambéry est appelé pour la première fois à reprimer les crimes commis. Par son ordre, de nombreux pirates sont condamnés à mort. Le duc Grimaldi lui-même, convaincu du crime de haute trahison, est assiégé dans Ascros, fait prisonnier par les troupes niçoises et pendu à la plus haute tour de son propre château.

A tous ces événements, vint bientôt s'ajouter une nouvelle invasion des troupes françaises, motivée par l'alliance que Charles-Emmanuel avait cru devoir faire avec l'Espagne.

Comme toujours, Nice résiste aux attaques, qui sont dirigées alors sur les campagnes environnantes. Un nouveau malheur vint la frapper par la mort de Charles-Emmanuel, remplacé par son fils Victor-Amédée.

Le nouveau duc prenait le pouvoir dans des circonstances bien difficiles. Aussi, son premier soin fut-il de conclure des alliances ; il offre son amitié au roi de France qui l'accepte ; il ne lui reste plus qu'à lutter contre la maladie et la misère qui semblent ne pas vouloir abandonner la ville de Nice.

Ses efforts commençaient à être couronnés de succès, lorsque la mort vint l'arracher à son peuple. Son règne n'avait duré que six ans. Sa perte fut considérée comme un malheur public ; les affaires chômèrent pendant plusieurs jours, et la Ville fit à son roi des funérailles magnifiques.

Par son testament, Victor-Amédée avait confié la régence à sa femme Christine de France, plus connue sous le nom de Madame Royale.

Cette régence ne fut pas acceptée par les deux beaux-frères du roi défunt, les princes Thomas et Maurice, qui levèrent aussitôt l'étendard de la révolte.

Les troupes françaises viennent de nouveau sous les murs de Nice ; les hostilités recommencent ; elles sont heureusement arrêtées, grâce au mariage survenu entre le prince Thomas et la nièce de la duchesse Christine. Les Espagnols, qui occupent la citadelle de Nice, sont alors obligés d'abandonner leurs positions.

Le mariage du prince Thomas est célébré en grande pompe dans la ville de Sospel, et quelques jours après les deux époux font leur entrée solennelle à Nice.

Le prince Thomas voulant montrer que tout dissentiment entre lui et Madame Royale a cessé, saisit le prétexte de l'anniversaire de la duchesse, pour organiser des fêtes somptueuses.

Mais ce n'étaient que des avances trompeuses, car les princes, profitant du départ fortuit de la duchesse Christine, proclament la majorité de son fils, le duc Charles-Emmanuel II, à peine âgé de quatorze ans.

Le traité des Pyrénées, du 7 novembre 1659, en mettant fin à la guerre continuelle, eut égale-

ment pour effet de procurer à Nice une période
de tranquillité dont elle avait si grandement
besoin.

Madame Royale, qui avait toujours eu une grande part dans la politique de son mari, montra
de nouveau son habileté, en négociant le mariage
de son fils avec Françoise de Bourbon, princesse
de Valois.

La duchesse Christine comprenait que cette
union ferait cesser les attaques dont Nice avait
jusqu'alors été l'objet, et qu'elle n'y trouverait
qu'avantages et profits.

L'union de Charles-Emmanuel II avec Françoise
de Bourbon ne devait durer que bien peu de
temps, deux années à peine, au bout desquelles
la princesse mourut.

Le duc ne resta pas longtemps veuf ; de secondes noces l'unirent à Jeanne de Savoie-
Nemours ; de ce mariage naquit un fils auquel
fut donné le nom de Victor-Amédée.

Le comté jouit alors, pendant quelques années,
d'un calme que vint interrompre une guerre
avec la République de Gênes.

Cette guerre qui fut de courte durée, n'en
causa pas moins au commerce et aux finances de
Nice de grands dommages, que Charles-Emmanuel

s'efforça de réparer. Son œuvre fut malheureusement arrêtée par la mort qui vint le surprendre à Turin, en 1675.

Le duc Charles laissait comme héritier son fils Victor-Amédée II, dont la tutelle fut confiée à sa mère la duchesse de Nemours. Celle-ci, désirant imiter ce que trente années auparavant avait fait dans la même situation, la princesse Christine, voulut tout d'abord marier son fils à une princesse de son choix. Mais le duc fit entendre à sa mère qu'il voulait être le maître de son avenir; cet acte de volonté mit fin à la régence, et le duc de sa propre initiative, épousa la nièce de Louis XIV, Marie d'Orléans.

Victor-Amédée continuait ainsi les traditions que lui avaient transmises son père et ses aïeux, et qui consistaient à s'appuyer sur la maison de France, pour se faire de celle-ci une protectrice.

La politique des comtes de Savoie et la France.

Le nouveau duc poussa encore plus loin les conséquences de cette politique, en prenant du service dans les armées du roi de France, son oncle.

Ce qui devait préserver Nice des attaques des armées françaises, fut précisément la cause qui les provoqua.

Louis XIV comme François Ier et Henri IV, comprit que le comté de Nice rentrait dans les limites naturelles de son royaume, et saisit le premier prétexte qui s'offrit pour s'en emparer.

Une armée française sous les ordres du maréchal Catinat est envoyée sur les bords du Var, et s'empare, sans coup férir, des environs de Nice. Villefranche, Cimiez, le fort du Mont-Alban sont enlevés, et bientôt les efforts de Catinat se portent uniquement sur la citadelle elle-même, c'est-à-dire la ville de Nice proprement dite.

Catinat, avant de commencer le bombardement, envoie auprès des notables plusieurs parlementaires, pour obtenir d'eux la reddition pure et simple de la ville.

Après plusieurs conférences, et en raison de ce que la résistance était impossible, les Consuls et les Notables décidèrent de soumettre au maréchal Catinat un projet de traité que celui-ci se hâta de signer. Ce traité indiquait les conditions auxquelles la ville accorderait la libre entrée aux armées françaises.

Entre autre, il était spécifié :

« Que la vie, l'honneur, les armes et les biens seraient conservés à toutes les personnes, tant au dedans, qu'au dehors de la ville.

« Que la ville et sa viguerie, ainsi que tout le restant du Comté et autres dépendances de la lieutenance seraient maintenues en possession de leurs privilèges, libertés et franchises dont ils jouissaient ou pouvaient jouir sous L.L. A.A. de Savoie.

« Que l'on regarderait, comme faisant partie de ce traité, tous les privilèges concernant la ville, le vicariat et tout le pays, et accordés en l'année 1388, comme dans l'acte d'hommage passé trois années après et successivement, jusqu'à l'époque actuelle, ainsi que dans tous les traités et conventions faites avec les anciens comtes de Provence et les rois de Bourgogne et d'Arles.

« Que l'on ne pourrait agir ni inquiéter d'aucune façon les nationaux français résidant dans cette ville, comté, vallées et terres dépendantes, même s'ils ont porté par hasard les armes en faveur de la ville et du comté dans la présente guerre, comme aussi s'ils se sont réfugiés dans la ville à la suite de dettes commises dans les Etats de S. M. Très-Chrétienne, ou à la suite de désertion.

« Qu'aucun des citoyens niçois ou habitant le comté ne pourrait, pour quelle cause que ce soit, soit civile, soit criminelle, être extradé ou

tenu à répondre de ce qui lui est reproché en
dehors du pays, mais que les procès devraient
être commencés et finis devant les tribunaux et
les juges siégeant dans ce pays. Ainsi le tribunal
ecclésiastique, comme le séculier, resteraient
dans l'état où ils se trouvaient actuellement.

« Que les citoyens et habitants ne pourraient
être astreints à prendre les armes contre le château ou toute dépendance de S. A. R.

« Que la ville, le comté, les vallées et les terres y adjointes, ne seraient pas annexés au
gouvernement général de la Provence, mais que
Sa Majesté Très-Chrétienne leur donnerait un gouverneur tout-à-fait indépendant de n'importe
quel autre, avec les mêmes prérogatives que le
Gouverneur général de la Provence, de manière
à ce que ce comté format à lui seul une province.

« Que les causes civiles, ecclésiastiques ou
criminelles seraient jugées d'après les disposi-
tions du droit commun et des décrets de S. A. R.
et en se conformant aux règles jusqu'alors en
usage, sans que l'on puisse introduire une règle
nouvelle.

« Que toutes les infeudations faites par la
Maison Royale de Savoie des terres et lieu de ce
comté et vallées dépendantes resteraient fermes

et valides, et seraient confirmées par S. M. Très-Chrétienne, de manière que les possesseurs de ces fiefs ne puissent être molestés.

« Que Sa Majesté Très-Chrétienne défendrait la cité et son comté, vallées et terres dépendantes, envers et contre tous, à ses propres frais, sans qu'il puisse prétendre à aucune contribution du pays.

« Que les juifs habitant dans cette ville, et vivant sous les privilèges à eux concédés par S. A. R., seraient compris dans ce traité, et vivraient de la même façon qu'ils vivent actuellement, sans êtres molestés ni eux, ni dans leurs privilèges.

« Que le collège des docteurs serait confirmé et pourrait exercer ses droits comme par le passé.

« Qu'il serait délivré gratuitement à tous ceux qui ne voudraient pas se soumettre, mais se retirer hors de la ville, un passeport gratuit et sans formalités, aussi bien pour eux que pour leurs familles ; enfin que si le château ne pouvait être pris par la présente armée, celle-ci devrait se retirer et la ville comme le comté resteraient sous la domination de S. A. R. ».

Ce traité fut signé par les Consuls de Nice,
paraphé par le notaire royal, et finalement approuvé le 26 mars 1691 par Catinat.

Occupation française. Quelques jours après, l'armée française entrait
à Nice, et se mettait aussitôt en mesure de
commencer l'attaque du château. Celui-ci résista
d'abord très énergiquement, mais bientôt il dut
renoncer à la lutte. Une capitulation honorable
fut signée le 3 avril 1691. Après que l'armée
ennemie eut été évacuée, Catinat partit laissant
à Nice une troupe forte de 4.000 hommes sous
les ordres du chevalier de la Fare, tandis qu'il
chargeait un de ses lieutenants, le marquis de
Vins, à la tête d'une troupe de 15.000 hommes,
de soumettre le reste du comté.

Le chevalier de la Fare fut nommé gouverneur
de la ville et du comté de Nice, Girardin de
Vaures, intendant de la cité. Lorsqu'en cette
qualité, il se présenta à l'Hôtel de Ville pour en
prendre possession, il fut reçu par les Consuls,
qui selon un ancien usage, lui offrirent une
somme d'argent afin, dit le procès-verbal rédigé à
ce sujet : « afin de s'attirer sa bienveillance et de
« ressentir en son temps les effets des bons
« offices qu'il pourra faire en faveur de Nice et
« du comté ».

Girardin de Vaures, sur les conseils de Catinat, refusa cette somme. Quelques jours après, le Conseil des Consuls et notables de la cité se réunit pour nommer la délégation qui devait se rendre auprès de S. M. Très-Chrétienne, afin de demander la ratification de la capitulation offerte par M. de Catinat.

Furent appelés à faire partie de cette délégation, les deux premiers consuls de la ville : Antoine Masino ou Masin, et Charles Chiamporleto, le sénateur François de Châteauneuf et le conseiller d'Etat Barthélemy Ferrero.

Des questions d'argent retardèrent l'envoi de cette mission qui bientôt, n'eut plus de raison de se mettre en route, le roi ayant fait connaître qu'il se contenterait d'un mémoire résumant les clauses du traité, sur le vu duquel il prendrait une solution définitive.

Dans sa réponse notifiée par le ministre Louis Pellière, le roi acceptait les clauses générales ; seule, la demande faite par les habitants de ne pas loger les officiers des troupes royales, et de ne pas fournir des fourrages à leurs chevaux, fut refusée.

Les notables de la ville procédèrent alors à la transformation de la liste des consuls, officiers et conseillers pour les deux années à suivre ; mais cette formalité remplie sans le concours du gouverneur, ne fut pas une des moindres raisons qui rendirent plus difficiles les relations entre les représentants du roi et ceux de la ville.

Cependant, le marquis de Vins poursuivait la conquête des villes ou bourgades du haut comté avec de grandes difficultés, et au prix de nombreux sacrifices.

Louis XIV, comprenant qu'il était plus profitable de détacher son neveu Victor-Amédée de l'alliance autrichienne, que l'invasion de son comté par les troupes françaises lui avait fait conclure, proposa à ce dernier un traité.

Les premières propositions n'amenèrent aucun résultat, et ce ne fut qu'en 1696, que la paix fut signée à Turin. La France prenait l'engagement d'évacuer la Savoie, le Piémont et le comté de Nice.

Cette évacuation s'accomplit le 27 septembre de la même année, et le gouverneur, le chevalier de la Fare, laissa la place au nouveau gouverneur le marquis de Saint-Georges.

Nice retourne à la Savoie. La ville accueillit avec joie, le retour de son territoire au comté de Savoie. Une ère de prospérité garantie par l'alliance et la protection de la France allait succéder à une période de luttes désastreuses.

A cette union avec la France, Victor-Amédée voulut ajouter celle de l'Espagne, et le mariage de sa fille Marie-Louise Gabrielle avec Philippe d'Anjou fut le prétexte qu'on choisit pour consolider les bonnes relations entre la France, l'Espagne et la maison de Savoie. Alliance bien éphémère, car un simple incident, futile en apparence, devait la rompre.

La protection que la Savoie avait demandée à la France, devait être pour elle la cause d'une nouvelle guerre entre les deux pays. Alors que les armées françaises, placées sous le commandement suprême du duc de Savoie, passent en Piémont pour combattre les Autrichiens, la scission ne tarde pas à se produire ; Louis XIV et Victor-Amédée redeviennent ennemis. Le Comté de Nice voit les armées royales de nouveau fouler son sol, et menacer la ville du feu de leur artillerie. En quelques jours, les maisons s'écroulent, les quartiers se dépeuplent, la désolation devient générale.

Renouvelant l'acte d'héroïsme des bourgeois de Calais, les religieuses des communautés de la

Les
bourgeois
de Nice.

ville s'en vont, la corde au cou, implorer la pitié du commandant des troupes françaises, La Feuillade.

Rien n'y fait, et la ville est forcée d'ouvrir ses portes. Elle bénéficie, toutefois, des mêmes conditions de capitulation qui lui avaient été autrefois consenties par le maréchal de Catinat.

Dès que les troupes françaises sont entrées dans la ville, Nicolas Pageau, conseiller du Roi, nommé par lui à la direction du Gouvernement au Comté de Nice, fait afficher une proclamation qu'il nous paraît utile de reproduire à peu près textuellement :

« La ville et le comté de Nice ayant esté soumis à l'obéissance de Sa Majesté par la force de ses armes, et s'estant mis sous sa royale protection et sauvegarde, en premier lieu par la capitulation accordée à la ville de Nice, le 10 du mois d'avril dernier, et ensuite par le serment de fidélité qui a esté prêté par tous les corps, états et vigueries du pays, entre les mains de M. le marquis d'Usson, lieutenant général des armées du Roy, commandeur de l'Ordre militaire de Saint-Louis, commandant en chef dans la ville et le comté de Nice et ses dépendances. Le délai du temps passé depuis la prise de la dite ville jusques aujourd'hui, ayant esté plus que suffisant à tous les sujets du pays, qui en sont absents en pays ennemis de sa dite Majesté pour se rendre à leur devoir. Nous avons appris que plusieurs des dits sujets persistaient à résider chez les ennemis du Roy ou à y continuer leurs services, faisons savoir à tous qu'il appartiendra, que faute à tous les dits sujets de quelque qualité qu'ils soient, de se retirer incessamment dans les pays de l'obéissance de Sa Majesté et d'avoir fait connaître leurs soumissions à mon dit S. le marquis d'Usson ; leurs biens, meubles et immeubles seront confisqués au Roy, comme ils sont et resteront dès à présent saisis, pour en être les deniers et revenus appliqués au profit de Sa Majesté depuis le dit jour 10 du mois d'avril dernier, sans qu'il soit pour ce besoin d'autres procédures et diligences que de la publication de la présente ; enjoignons, de la part du Roy, à tous ceux qui tiennent les biens des dits absents, de les venir dénoncer par devant Nous, à tous leurs débiteurs, de venir déclarer par devant Nous, les dettes dont ils leur seront tenus, à tous les fermiers de leurs biens, de remettre entre nos mains les expéditions en forme des baux, en vertu desquels ils en jouissent, de compter avec nous des arrérages sur quittances en forme par devant notaires, dans quinze jours après la publication de la présente ; défendons aux dits débiteurs et fermiers de payer ni faire tenir aucuns deniers aux dits absents, ou ayant-cause, sous prétexte même de lettres de change, cessions, transports ou autres actes, tels qu'ils puissent être qui seront tous censés frauduleux, à moins qu'ils n'ayent été passés avant la reddition du pays et les payements faits aux termes échus et indiqués par la coutume du pays ; le tout à peine aux dits débiteurs, fermiers et autres, de payer une seconde fois au profit de Sa Majesté. Leur enjoignons de garder et administrer les dits biens comme appartenant à sa dite Majesté, sans les dégrader en manière que ce soit, sous les peines portées par les ordonnances. Enjoignons à tous syndics et officiers des communautés du dit pays d'indiquer et déclarer par devant Nous les biens appartenant aux dits absents, à peine d'en répondre en leur propre et désobéissance, à tous les officiers de justice de faire toutes diligences, défenses et inhibitions concernant les faits de leurs charges à ce sujet, comme aussy de prêter main-forte à ceux qui seront par nous délégués ou envoyés sur les lieux porteurs de nos ordres, pour la régie et administration des dits biens, et leur donner et faire donner à cet effet communication et connaissance de tous registres publics

et particuliers, papiers, terriers, minutes de notaire, archives et autres enseignements requis, et
afin que personne n'en prétende cause d'ignorance, sera la présente publiée et affichée dans
les carrefours de la ville de Nice et envoyée dans
toutes les communautés du pays, aux copies de
laquelle imprimées à Nice, sera ajouté foy comme
à l'original ».

Fait à Nice, le 5 juin 1705.

Signé : PAGEAU.

La paix fut de courte durée. Grâce aux armées
austro-hongroises, dans les rangs desquelles le
prince Eugène va servir en qualité de lieutenant,
les soldats français qui occupaient Nice sont forcés d'abandonner la ville, qu'un combat remet de
nouveau en leur pouvoir. On vit alors se produire
un fait sur lequel nous devons insister. Le général français Mont-Georges, ému de la triste
situation de la ville et des campagnes de
Nice, s'applique à secourir ces malheureuses
victimes de guerres incessantes, interdit aux
soldats de commettre la moindre exaction sous
peine des plus sévères punitions ; il fait envoyer
du Languedoc de nombreux chargements de blés
dont il garantit le payement, et fait partager pendant tout l'hiver, le pain de ses soldats, avec les

4.

pauvres habitants réduits à la plus cruelle des misères.

Une paix définitive fut enfin signée, et Mont-Georges avec ses troupes, quitta la ville où sa générosité laissait de profonds et vivaces souvenirs.

Les négociations qui suivirent la signature du traité de paix, furent des plus laborieuses et des plus longues. Ce n'est même qu'à la mort de Louis XIV, le duc d'Orléans étant Régent, que des clauses définitives purent être élaborées. L'acte signé à Nice, le 28 septembre 1718, donna la vallée de Barcelonnette à la France.

Le calme était revenu, lorsque tout à coup une flotte espagnole arrive devant la Sicile, s'empare de Palerme, fait proclamer Philippe V souverain de l'île. La guerre allait de nouveau éclater ; mais un arrangement se fait, grâce à l'alliance de l'Angleterre, de l'Autriche, de la Hollande et du Piémont. En compensation de la Sicile qu'il venait de perdre, Victor-Amédée reçoit la Sardaigne dont il fait le fief souverain.

CHAPITRE IV

—

NICE ET LA SARDAIGNE

—

Cette suzeraineté de la Sardaigne marque pour Nice la perte des prérogatives dont elle avait joui jusqu'alors. Elle qui n'avait jamais payé d'impôt en est bientôt écrasée. Les consuls protestent, ils sont exilés. Le peuple menace de se révolter. Le gouvernement comprend qu'il est allé trop loin ; il désavoue le gouverneur-intendant Zoppi, rappelle les magistrats envoyés en exil, et la tranquillité reparaît. Mais la porte n'en restait pas moins ouverte à l'ingérence du pouvoir souverain dans l'administration locale de la ville, dont jusqu'à ce jour, il s'était scrupuleusement tenu à l'écart. La fin du règne de Victor-Amédée est pourtant favorable à Nice, qui se développe et s'embellit chaque jour. La même tradition est suivie par son fils, Charles-Amédée

Nice voit pour la première fois ses privilèges attaqués.

III qui s'empresse de reconnaître les franchises et les privilèges qui venaient d'être abolis.

Sur ces entrefaites, Nice est inquiétée de nouveau par les armées franco-espagnoles, qui y pénètrent, mais qui sont bientôt forcées de s'éloigner, tout en ravageant les environs. Comme toujours, la discorde intervient à propos dans leur camp, et grâce à cette circonstance, les troupes impériales, avec lesquelles combat Charles-Emmanuel III, peuvent délivrer les territoires occupés par leurs ennemis.

Les événements se succèdent avec une telle rapidité que la tâche de l'historien devient, à les suivre, fort difficile. Qu'il nous suffise de dire qu'après des victoires mêlées de revers, Nice finit par rester définitivement sous la dépendance du roi de Sardaigne.

A la période accidentée que nous venons d'analyser, succède une période de calme, pendant laquelle Nice peut poursuivre les travaux d'agrandissement et d'embellissement commencés. De cette époque date la création du port Lympia qui restera tel jusqu'à ces dernières années.

Charles-Emmanuel mourut à Turin, le 30 janvier 1773, laissant la réputation d'un roi sage et pénétré des intérêts de son peuple.

A l'avénement de son successeur, rien ne parut changé. Même prévoyance de la part du gouvernement royal, même obéissance, même sympathie de la part des habitants.

Mais, déjà, le souffle de la Révolution se fait sentir. Victor-Amédée craint que le contact de la Provence n'apporte dans Nice, les nouvelles doctrines et les nouvelles tendances.

Non content de supprimer les dernières franchises municipales, ce prince envoie un nouveau gouverneur, le marquis de Saint-Marsan, avec ordre de faire surveiller la frontière du Var.

De ce côté commencent d'ailleurs à arriver, refoulées par le mouvement révolutionnaire, les familles nobles françaises qui apportent, avec leurs sentiments de haine pour la persécution qui les a chassés de leur pays, un levain d'animosité contre les revendications populaires qui se font si rapidement jour en France, jusqu'au moment où elles s'étendront à l'étranger.

Cette époque est également, pour l'histoire de Nice, une date tellement féconde en événements, que les suivre au jour le jour dépasserait le cadre et la portée de l'œuvre que nous avons voulu entreprendre.

La Révolution éclate ; ses armées se répandent sur toute l'Europe. A la tête d'un corps de troupes, le général Anselme envahit le comté de Nice, s'empare des drapeaux de l'armée piémontaise qu'il envoie à Paris grossir ceux qu'a enlevés Kellermann aux alliés, et ne tarde pas à entrer à Nice.

Le peuple n'était pas resté indifférent au grand mouvement populaire qui venait de s'accomplir, et ne fit pas d'opposition aux nouvelles idées que le général français venait d'apporter. Bien que liée à la dynastie savoyarde par plusieurs siècles de paternelle et prévoyante administration, bien qu'ayant joui presque toujours d'une liberté en quelque sorte absolue, la population niçoise comprit qu'elle ne pouvait rester en dehors des nouvelles aspirations qui venaient de se faire jour dans la masse populaire. Aussi, confiante dans le nouveau gouvernement que la France venait de se donner, elle envoya à Paris deux députés avec mission de se plaindre à la Convention, des désordres commis lors de l'entrée récente des troupes françaises dans leur ville.

Les soi-disant exactions des armées républicaines à Nice.

Ces désordres qui, Toselli le reconnaît, n'étaient pas le fait exclusif des soldats français, mais d'une troupe de rôdeurs qui les sui-

vaient, commandée par un niçois, du nom de
Riga, furent sévèrement jugés à la Convention
nationale qui, par l'organe de Goupilleau, fit entendre de dures remontrances.

« Les députés extraordinaires de la ville de
Nice vous ont dénoncé, disait-il, il y a quelques
jours, les attentats commis contre les personnes
et les propriétés, par quelques individus faisant
partie de l'armée du Var.

. . . .

« Il est important pour la République que les
fautes, les crimes de quelques individus ne rejail-
lissent pas sur une armée entière ; il est important que les coupables soient punis et qu'ils le
soient sévèrement. C'est une satisfaction que
vous devez à l'armée et une justice au peuple de
Nice.

« Ce n'est pas seulement à ces mesures que
vous devez vous borner, il faut encore éclairer
les soldats, les prémunir contre les insinuations
perfides de quelques contre-révolutionnaires qui
se sont mêlés parmi eux, et qui ne cherchent
qu'à les égarer. Il faut enfin rassurer les habitants de Nice et tous les peuples que vous voulez
rendre à la liberté ».

Le rapport de Goupilleau concluait ainsi :

« La Convention Nationale, après avoir entendu
le rapport de ses Comités diplomatique et de ia
guerre réunis, décrète que trois commissaires, pris
dans le sein de la Convention, se transporteront
à l'armée du Var, dans le pays de Nice et des
lieux circonvoisins, pour prendre les renseigne-
ments nécessaires sur les faits dénoncés par les
députés extraordinaires de la ville de Nice ; examiner la conduite des officiers et des généraux
qui auraient pu autoriser ou tolérer les excès
commis ; s'assurer des moyens qu'ils ont pris
pour les prévenir et les réprimer ; recevoir les
plaintes des habitants qui ont été victimes de ces
désordres ; suivre la trace des effets qui leur
ont été enlevés, les faire restituer, examiner les
indemnités auxquelles il pourrait y avoir lieu ;
suspendre provisoirement, faire remplacer et
mettre en état d'arrestation ceux des agents militaires qui seront trouvés prévenus avoir concouru
à ces désordres ou les avoir soufferts ; de faire
les proclamations qu'ils croiront convenables
pour rétablir l'ordre et la discipline dans l'armée;
requérir la force armée, en cas de besoin ; enfin,
d'employer tous les moyens qui seront en leur
pouvoir pour assurer la tranquillité des citoyens
du pays de Nice et rappeler dans leurs foyers

ceux que la crainte aurait déterminés à les abandonner ; lesquels commissaires rendront compte de tout à la Convention Nationale ».

Ce projet de décret fut adopté.

Les trois commissaires nommés pour se rendre à Nice furent Goupilleau, l'auteur du rapport, Collot-d'Herbois et Lasource.

Sur ces entrefaites, était nommé maire de Nice le baron Giacobi, qui se fit immédiatement remarquer par ses allures nettement républicaines.

A la même époque, les députés Blanqui et Vallon avaient présenté à la Convention Nationale une requête que Blanqui exposa de la sorte, à la tribune de cette Assemblée :

« Législateurs,

Depuis la régénération à la liberté, le peuple de Nice avait manifesté le désir de vous envoyer des députés pour vous témoigner les sentiments gravés dans son cœur.

« Il nous a chargé de solliciter vivement auprès de vous, pour obtenir sa réunion à la République Française. Revenez Français, nous a-t-il dit, ou ne revenez jamais. Nous voulons être libres ; nous ne voulons plus de rois. Voici l'adresse

que nous vous présentons au nom des corps administratifs :

« Législateurs,

« Les corps administratifs provisoires et ci-
devant comté de Nice, en permanence réunis à la
maison commune, considérant que le plus précieux bien pour l'homme est de vivre libre,
offrent à la République Française l'hommage pur
de leur reconnaissance, à cause de leur affran-
chissement.

« Depuis l'arrivée des Français dans leur pays,
le drapeau de la Liberté décore toutes les places
publiques. Avant le 29 septembre, cette liberté
était concentrée dans leurs cœurs ; ils en sen-
tent tout le prix. Délivrés du tyran qu'ils abhorent, ils vous jurent, Français, qu'élevés par vos
soins à toute la dignité de l'homme, ils sauront
soutenir les droits imprescriptibles de la nature,
et s'ensevelir sous les cendres et les ruines de
leur pays, plutôt que de cesser d'être libres.
Français représentants d'une grande République,
dont les heureux et généreux efforts jettent
l'épouvante dans les cours des tyrans et des op-
presseurs de la terre, vous qui voulez le bonheur
des peuples et la liberté du monde, nous vous
déclarons, en présence de l'Éternel, que nous

partagerons toutes vos peines ; qu'armés ainsi que vous pour une si belle cause, nous sacrifierons tout ce que nous avons de plus cher, pour vous aider à faire arborer partout l'étendard sacré de la Liberté.

« Nous avons juré de vivre libres ou de mourir ; nous attendons de vous la vie ou la mort ; hâtez-vous de prononcer notre aggrégation à la République Française ; nous vous disons, avec cette franchise qui convient à un peuple libre, que si notre prière d'être Français n'était pas accueillie, nous ne transigerions jamais avec nos persécuteurs et nous embraserions plutôt toutes nos possessions dans cette terre de proscription, pour aller vivre dans la terre de la Liberté que vous habitez.

Nous députons vers vous deux citoyens recommandables par leur patriotisme ; ils vous exprimeront avec quelle impatience les citoyens de cette importante contrée attendent la nouvelle de leur adoption à leur primitive Patrie, la République Française, dont ils n'auraient jamais dû être séparés ».

(Suivaient les signatures).

Le Président de la Convention, Héraut, répondit aux députés de Nice en ces termes :

Les despotes coalisés avaient conçu le projet de la tyrannie universelle ; mais la nation Française a proclamé les droits de l'homme, et à ce signal, tous les peuples se présentent autour d'elle.

« Généreux citoyens de Nice qui, opprimés par le tyran des Savoisiens, avez brisé les mêmes chaînes avec la même ardeur, comme les fruits de la liberté vont croitre et mûrir dans la douce et active chaleur de votre beau climat ! C'est à cette liberté seule, c'est à vous-mêmes que nous avons voulu vous conquérir ; la société comme la nature ne séparera plus désormais les Alpes et l'indépendance. Quel que soit le mode de gouvernement qui doit assurer votre bonheur, soit qu'une heureuse alliance nous ménage avec vous le lien de la fraternité, soit plutôt qu'une adoption glorieuse pour nous, je dirai presque naturelle, vous incorpore à la République Française, dans tous les événements possibles, hommes libres, nous ne ferons qu'une famille armée contre les mêmes ennemis ; et le Var de l'une à l'autre rive ne va plus arroser que la terre de la liberté ».

Après ce discours du président, plusieurs députés demandent qu'il soit fait immédiatement droit à la demande de la députation niçoise.

Mais Barrère fait entendre des restrictions qu'il expose en ces termes :

« J'applaudis avec un vif intérêt à la réception fraternelle des députés du ci-devant comté de Nice, et j'ai partagé votre empressement à accueillir leur demande en réunion à la République Française. Mais il est une observation que je crois digne de votre respect pour la souveraineté des peuples ; c'est qu'avant de s'occuper de la cession de la réunion d'un peuple à l'autre, il est essentiel, il est nécessaire d'avoir son vœu expressément et librement émis. Or, ce qu'on a lu à cette tribune n'est que le vœu des députés des administrations provisoires de ce pays. Mais d'après vous-mêmes, les administrateurs ne sont pas des représentants et ne peuvent pas émettre le vœu des administrés. Sans doute, les citoyens du pays de Nice sont dignes de la liberté, puisqu'ils abhorent comme nous la noblesse et la royauté. Aussi, avant de délibérer sur la réunion, que le peuple prononce, que le souverain émette son vœu ; et le souverain n'est que dans les assemblées primaires ; il n'est que là. Il est digne de vous de consacrer ces grands principes, même au milieu des acclamations et des vœux d'un peuple intéressant par ses malheurs, qui s'élève au rang des nations libres.

Je demande, en conséquence, que la Convention Nationale déclare qu'elle ne peut délibérer sur la réunion demandée par les députés des administrations provisoires du ci-devant comté de Nice, qu'après avoir connu le vœu exprès du peuple ».

Les scrupules chevaleresques de Barrère furent partagés par la Convention qui adopta aussitôt sa proposition.

Le Président embrasse, aux applaudissements répétés de l'Assemblée les députés Blanqui et Vallon, et les fait placer à ses côtés.

Blanqui rédigea de ces événements un rapport pour ses concitoyens, en les invitant à se réunir dans leurs comices et procéder au vote définitif des députés qui seront chargés de demander l'annexion de ce pays à la République Française.

A la réception de la lettre de Blanqui, une partie de la population se réunit et, sous la désignation de « Colons marseillais » s'érige en Assemblée. Son premier soin est de décréter la déchéance du roi de Sardaigne. Cette motion fut présentée par Dabray qui, en revendiquant hautement cet acte devant l'histoire, nous fait connaître les circonstances qui l'accompagnèrent.

« La publication de cet acte, dit-il, qui fit disparaître de l'assemblée plusieurs de ses membres, parce qu'il était regardé par eux comme compromettant leur existence, fut mon unique ouvrage. Ce fut moi qui le rédigeai, après avoir fait la motion pour la déclaration de cette déchéance et qui le fis imprimer et afficher dans la nuit du 4 janvier 1793, pour que la crainte qu'avaient témoignée quelques-uns de mes collègues ne put plus être écoutée, ni opérer le rapport d'un acte qui décidait du sort de tous les patriotes, et les intéressait tous à le soutenir...

« Ce décret, qui devait être signé par le président et les secrétaires du nombre desquels j'étais, ne le fut point par le citoyen Bensa, autre secrétaire. Il en fut tellement épouvanté, qu'au sortir de la séance, tout tremblant, il eut à me dire : « Qu'avez-vous fait ? vous êtes un homme perdu ».

Après de nombreuses difficultés de détails, le 4 janvier 1793 — la Convention des Colons marseillais prit une décision dont nous citerons quelques extraits. Cette délibération relative à la nomination des députés chargés de demander l'annexion de Nice à la République, contenait également le programme de leur mandat.

. . . .

La dite Convention Nationale des Colons marseillais décrète en conséquence avoir chargé, comme elle charge expressément les citoyens Blanqui et Vallon, députés auprès de la dite Convention Nationale de France, premièrement par les corps administratifs réunis provisoires de la ville et du ci-devant comté de Nice, et successivement par la très grande majorité des communes pour présenter, au nom du peuple niçois et des Colons marseillais, le vœu librement émis par ce peuple dans ses assemblées primaires et que l'assemblée de ses représentants vient de confirmer, leur donnant à ces députés tout pouvoir et autorité nécessaires pour solliciter auprès de la dite Convention l'agrément de ce vœu et obtenir d'elle la réunion si désirée à la République Française pour laquelle le peuple niçois ne cesse de soupirer.

CHAPITRE V

—

NICE FRANÇAISE SOUS LA PREMIÈRE RÉPUBLIQUE

—

La discussion relative à l'annexion vint devant la Convention, le 31 janvier 1793, e. il nous suffira de reproduire le compte-rendu de cette séance, pour faire comprendre quelles en furent la physionomie et la portée.

Cambon était rapporteur, et à peine avait-il pris la parole que Ducos, l'interrompant, lui dit : « Je m'oppose à ce qu'on rende un décret d'enthousiasme ».

Cambon répondit aussitôt :

« Je ne demande pas un décret d'enthousiasme, mais je demande que les diplomates du Comité diplomatique nous rendent compte des objets qui leur sont renvoyés. Il y a plusieurs mois que le ci-devant comté de Nice a demandé sa réunion à la France. Le Comité, pour faire sa cour à telles puissances, à tels Anglais, à tels agents politiques, ne nous a point encore fait de rapport, vous êtes la dupe d'une intrigue diplomatique. Pour vous en convaincre, il suffit de vous donner connaissance d'une lettre de prétendus représentants provisoires du peuple belge ».

. . . .

Après la lecture de cette lettre, Cambon finit son discours en s'écriant : « Je demande la réunion du peuple souverain de Nice ».

Des cris : Aux voix ! aux voix ! interrompent l'orateur. Mais Ducos proteste en ces termes :

« Vous avez porté quatre décrets d'enthousiasme, et tous les quatre ont été rapportés (*murmures*). Déjà la réunion de la Savoie a été prononcée. Je ne me permettrai aucune réflexion sur votre décret, il a été sanctionné par ce peuple lui-même ; mais je me permettrai de dire que la question des réunions est assez importante pour mériter d'être approfondie. Il faut considérer si cette extension de notre territoire ne donnera pas une trop grande extension au Pouvoir exécutif que vous allez créer, ne le rendra pas despotique par cela même. Il faut considérer si ces pays dont on demande la réunion, dégarnis de places fortes, ne présentent pas pour nous plus d'in-

convénients que d'avantages *(nouveaux murmures)*. Je déclare, par précaution oratoire, que je ne
suis pas membre du Comité diplomatique, dont
Cambon vient d'accuser les intentions. Je dis que
comme ces réunions doivent influer pour des
siècles, en bien ou en mal, sur le sort de la République, nous ne devons pas les décider ainsi
sans examen. Je demande le renvoi au Comité ».

Ce fut Lasource qui répondit aux objections
soulevées par Ducos :

« Ducos a confondu un objet général avec un
objet particulier. Il ne s'agit dans ce moment que
de la réunion du ci-devant comté de Nice. Le rapport du Comité diplomatique est inutile. Plusieurs
motifs sollicitent cette réunion : 1º l'intérêt ter-
ritorial ; là finissent les Alpes, et vous avez voulu
en réunissant la Savoie, mettre cette barrière
entre vous et le despote de Turin ou l'Italie ; 2º
l'intérêt commercial. Il y a à Villefranche qui
n'est qu'à une demi-lieue de Nice, un port très
commode qui, dans la guerre que nous aurons
avec l'Angleterre, nous sera infiniment utile.
Avec la Sardaigne, la Corse, Villefranche, Marseille et Toulon, nous sommes maîtres de la
Méditerranée. C'est donc une clef dont il faut se
hâter de s'emparer. Et ce n'est pas seulement

l'intérêt de la France, c'est aussi l'intérêt du peuple de Nice. Il avait d'abord reçu les Français avec cordialité, mais les partisans du roi de Sardaigne lui ayant dit qu'il s'aventurait, dans le cas où la Franee ne prononcerait pas la réunion, il a éprouvé de la défiance. Aussi nous l'a-t-il fait sentir à notre arrivée. Mais nous lui avons promis secours et fraternité, nous avons même pris sur nous de lui faire espérer la réunion ; et alors il a prononcé la déchéance du despote de Turin. Je demande donc la réunion ».

La discussion étant close, la Convention déclare à l'unanimité qu'elle « accepte, au nom du peuple Français, le vœu émis par le peuple souverain du ci-devant comté de Nice, et qu'en conséquence, il fera partie intégrante de la République Française ».

Deux jours après, le commandant de l'armée d'Italie, demandant au nom des habitants de la Principauté de Monaco, la réunion de ce pays à la France, la Convention d'après les rapports de Carnot et de Fauchet, rend le décret suivant :

« ART. 1er. — Le ci-devant comté de Nice réuni à la République Française, formera provisoirement le 85e département, sous la dénomination des Alpes-Maritimes.

« ART. 2. — Ce département aura le Var pour limite à l'occident ; il comprendra toutes les communes qui sont à la rive gauche de ce fleuve, et tout le territoire qui composait l'ancien comté de Nice.

« ART. 3. — Le chef-lieu du département des Alpes-Maritimes sera la ville de Nice.

« ART. 4. — Deux des commissaires de la Convention Nationale dans le département du Mont-Blanc se transporteront dans celui des Alpes-Maritimes pour présider à l'organisation de ce département, indiquer le nombre et les localités des districts, et prendre toutes les mesures préalables à cet effet.

« ART. 5. — Le département des Alpes-Maritimes nommera provisoirement trois députés à la Convention Nationale. »

La nouvelle du décret de la Convention fut annoncée au peuple niçois par une affiche émanant des Colons marseillais, dont nous reproduisons le texte :

« Aux amis et frères de la Liberté et Egalité
de Nice,

« Est-il bien vrai citoyens, que les sensations diminuent lorsque les désirs sont satisfaits ? Si cette maxime a lieu dans certaines circonstances, il n'en est pas de même relativement au plaisir que nous goûtons à l'agréable nouvelle de la réunion du peuple niçois à la République Française. Un courrier extraordinaire de la part de la Convention Nationale vient de nous apporter l'accomplissement de nos vœux par un décret dont nous nous empressons de vous faire passer l'extrait ; nous vous prions d'en faire la lecture à nos frères défenseurs de la Liberté et de l'Egalité, persuadés que nous ne pourrions leur donner une nouvelle plus agréable ».

Les corps réunis, accompagnés de la musique, avaient déjà annoncé l'événement dans tous les quartiers de la ville.

Le dimanche suivant, un *Te Deum* solennel fut chanté à la cathédrale (église Sainte-Réparate), auquel assistèrent toutes les autorités.

Comme à Paris, des clubs s'étaient constitués, et comme à Paris aussi, les femmes se faisaient remarquer par la violence de leur langage et la hardiesse de leurs propositions.

Un aperçu intéressant de la vie populaire de Nice à cette époque.

L'annexion une fois accomplie, l'émigration commença ; émigration des familles françaises précédemment établies à Nice ; émigration des familles niçoises ayant conservé fidélité à la maison de Savoie ; émigration de tous ceux qui, sachant les excès commis à Paris, craignaient que la Terreur ne vînt ensanglanter la ville.

Pour enrayer ce mouvement, et surtout pour empêcher toute manifestation contraire à l'état de choses établi par la volonté des Niçois et par la décision de la Convention, Dabray publia un véhément manifeste dont nous citerons la conclusion :

« Nous sommes Français, et comme tels pourrions-nous souffrir de retomber dans l'esclavage ? Nous sommes Français et comme tels pourrions-nous voir sans frémir, et mourir de désespoir, que l'ambitieux André Thaon, cet opprobre de la Sardaigne, cet oppresseur des honnêtes hommes, ce protecteur de la canaille, ce parfait vaurien que le Ciel a produit dans son plus terrible courroux, revînt avec ces coquins qui l'entourent, nous maîtriser, nous tyranniser, nous avilir, nous sucer, nous épuiser, nous détruire ! Nous sommes Français, et comme tels, pourrions-nous permettre, sans excès de honte, que notre chère Patrie fut ruinée, qu'elle n'existât plus sur le globe ! Malheur à ceux qui oseraient tramer contre elle, la déchirer, lui porter la moindre atteinte ! dès ce moment vouons-les à la vengeance des lois, à l'exécration publique. Soyons unis, soyons justes, désintéressés, généreux, bienfaisants, surveillants, actifs ; aimons nos devoirs et nos semblables ; respectons les propriétés d'autrui ; soyons vaillants, courageux, belliqueux, intrépides ; en un mot, soyons Français, dans toute l'étendue du terme ; et en dépit de tous les aristocrates, en dépit de tous les despotes quelconques, en dépit même du fanatisme, des préjugés et leurs fauteurs, nous braverons l'univers, nous serons toujours invincibles ».

Nice, le 6 février 1793, l'an II de la République Française.

Signé : DABRAY.

Le 1ᵉʳ mars suivant, les deux commissaires nommés par fa Convention, arrivèrent à Nice. Ces deux délégués, l'abbé Grégoire et Jacquot commencèrent par adresser au peuple de Nice la proclamation suivante :

« Les commissaires de la Convention Nationale, considérant que les autorités établies par les assemblées primaires des Colons marseillais et de la ci-devant principauté de Monaco, ont cessé à l'instant de la nomination des décrets de la Convention Nationale de France, qui prononcent la réunion du ci-devant comté de Nice et de la principauté de Monaco à la République Française ;

« Considérant que néanmoins, jusqu'à l'organisation de ce département, il importe, tant à l'intérêt national qu'à celui des administrés et des justiciables, d'y maintenir dans toutes les parties l'activité du gouvernement, ont arrêté ce qui suit :

« ART. 1er. — Les administrations provisoires du département des Alpes-Maritimes, séantes à Nice et à Monaco, exerceront chacune dans l'étendue de leur ressort, les fonctions administratives.

« ART. 2. — Les décrets rendus par la Convention Nationale des Colons marseillais et par celle de la ci-devant principauté de Monaco, concernant, soit les agents de l'administration et de la municipalité, soit les autorités judiciaires, seront provisoirement exécutés suivant leur force et teneur.

« ART. 3. — Les autorités provisoires subsisteront jusqu'à leur remplacement successif par l'organisation du département.

« ART. 4. — Les administrations provisoires de ce département, séantes à Nice et à Monaco,

sont chargées de faire parvenir sans délai, publier
et afficher la présente proclamation dans toutes
les communes de leur ressort respectif, d'en cer-
tifier les commissaires de la Convention Nationale, et de tenir la main à sa pleine et entière
exécution ».

Fait à Nice, le 7 mars 1793, l'an II de la République
Française,

> Signé : GRÉGOIRE et JACOT.

Le rapport
de l'abbé
Grégoire
sur Nice et
la Savoie.
Le 1ᵉʳ juillet, Grégoire envoya à l'Assemblée,
un long rapport sur ses deux missions en Savoie
et à Nice. Ce document très long, contient à côté
de remarques dignes d'attention, des inexactitu-
des sur lesquelles nous aurons à revenir plus
loin. Grégoire constatait que Nice était française,
et empruntait une comparaison à la langue des
poëtes, pour parler de la soi-disant ignorance du
peuple niçois ! C'est, dit-il, « un diamant qu'attend le cisau du lapidaire ». Grégoire étudiait en
outre l'importance du département aux différents
points de vue militaire, agricole et commercial.

Que devenait pendant ce temps, l'armée française ? Successivement commandée par Anselme,
Brunet, Dumerbion, elle a à soutenir les attaques continuelles des armées coalisées austro-

hongroises, et doit se tenir prête à faire face aux menaces réitérées de l'Angleterre. Des combats souvent sanglants, des victoires mêlées à des revers, marquèrent son séjour dans les Alpes-Maritimes, sans qu'elle ait abandonné jamais le territoire nouvellement annexé, offrant ainsi à l'ennemi le rempart infranchissable de sa vaillance et de son énergie.

Mais la Terreur vient d'ouvrir son ère sanglante à Paris ; et le contre-coup s'en fait sentir à Nice. Ici comme là-bas, les tribunaux révolutionnaires s'organisent et font citer devant eux les suspects. Les contre-révolutionnaires s'allient au clergé encore puissant, et essaient de résister à un mouvement si menaçant ; l'armée piémontaise commandée par le duc d'Aoste, se présente au pied des Alpes, et envahit les vallées de la Tinée et du Var. Aux troubles intérieurs, s'ajoutent les dangers extérieurs, et Nice se trouve ainsi placée dans la plus pénible des situations.

Sur ces entrefaites, arrivent à Nice les nouveaux représentants : Salicetti, Ricord et Robespierre jeune, qui mettent à l'ordre du jour les mesures de repression adoptées à Paris. De la place de la République, la guillotine est transportée en plein centre de la ville, sur la place

Saint-Dominique qui est débaptisée, et qui reçoit
le nom de place de l'Egalité. C'est la Terreur avec
ses ignominies et ses horreurs ; le sang coule à
flots. Les administrations locales adressent tous
les jours à l'Assemblée Nationale, des adresses
ultra-révolutionnaires telles que celle-ci :

Nice, 23 germinal.

« Législateurs,

« La Commission municipale de la ville de Nice,
département des Alpes-Maritimes, formée par
deux de vos braves montagnards, toute composée
de vrais sans-culottes, pénétrée des principes
sacrés de liberté, d'égalité, n'ayant en vue que
le respect et le maintien des lois, d'autre ambition que le bonheur public, vient vous féliciter
d'avoir encore une fois étouffé les complots par-
ricides des tyrans et des traitres à la Patrie.

« Votre œil est comme l'astre du jour, qui
porte l'éclat de ses rayons dans les plus profondes
erreurs, et dissipe, par sa chaleur puissante, les
tempêtes et les nuages que les vents conjurés
amassent autour de cet astre bienfaisant.

« C'est ainsi, glorieux montagnards, que vous
percez l'horreur des ténèbres, dont s'enveloppent
les conspirateurs et les ennemis de la République ;

c'est ainsi que vous dévoilez leurs coupables desseins, que vous dissipez leurs trames odieuses, pour nous faire jouir de la liberté, le plus précieux, le plus beau présent du ciel.

« Lyon, Toulon, la Vendée ne sont plus. Le nom même de ces honteux repaires sont en exécration. Ne cessez, braves montagnards, de purger le sol de la Liberté des brigands qui l'infestent. Nous comptons sur votre zèle. Lancé sur les flots d'une mer orageuse, le vaisseau de l'Etat est dans vos mains ; pour nous sauver et vous sauver vous-mêmes il faut que vous le gouverniez avec force et courage. Vous ne pouvez en abandonner le timon qu'il ne soit conduit au port ».

L'armée continuait à lutter avec des revers et des succès ; dans ses rangs, Masséna commençait à s'illustrer. Grâce à ses efforts répétés, elle put refouler l'armée austro-sarde au-delà des Alpes, et menacer le Bas-Piémont et la Rivière ; bientôt la principauté d'Oneille tomba au pouvoir des armées républicaines qui poursuivaient leur marche victorieuse au chant d'une nouvelle *Marseillaise* dont Toselli nous a transmis quelques couplets. Il sera intéressant d'en reproduire ici les plus significatifs :

Une deuxième Marseillaise.

> Allons enfants de la Patrie,
> Suivons les pas de nos aieux
> Devant nous, antique Italie,
> Aplanis tes monts orgueilleux :
> Marchant sous un nouveau Brennus ;
> Salut au Peuple de Janus,
> Son Dieu nous ouvre enfin tes portes
> Oiseaux du Capitole, éveillez les Romains
> Brennus va de nouveau franchir les Apennins.

> O cité qui des bords du Tibre
> Avais subjugué l'Univers,
> Ton peuple autrefois était libre
> Nos aïeux t'ont donné des fers,
> Tes tours veuves, tes murs esclaves
> Sont aujourd'hui sans défenseurs ;
> Eh ! bien ! les fils de tes vainqueurs
> Vont briser tes propres entraves.
> Oiseaux du Capitole ! etc. . . . .

Le souffle est moins puissant que celui qui anime l'hymne de Rouget de l'Isle ; mais ces armées marchaient à la victoire en chantant, et toute poésie suffisait, pourvu qu'elle excitât l'enthousiasme.

Le culte de l'Être suprême à Nice. Les délégués à l'Assemblée Nationale, suivaient attentivement la marche de l'armée, et dictaient aux généraux leurs plans de campagne et leurs victoires. A Nice, le mouvement révolutionnaire se répandait et se complétait par l'organisation du culte nouveau, l'Être suprême.

Le 8 juin 1794, à la suite d'une fête que les documents du temps nous dépeignent comme magnifique, donnée à Nice en l'honneur du nouveau Dieu dont Robespierre s'était fait le grand-pontife, la Commission municipale rendit le décret suivant :

« Considérant que par la loi du 18 floréal, le peuple français reconnaît l'existence de l'Être suprême et l'immortalité de l'âme ;

« Considérant que dans toutes les autres communes de la République Française, on a érigé un temple en l'honneur de l'Être suprême ;

« Considérant que dans cette commune, cette sage mesure n'a pas été prise, et qu'il est urgent de la prendre ;

« Considérant que le bâtiment « dit la Réparate » est le local le plus propre et le plus grand pour être érigé en temple à dédier à l'Être suprême et qui réunit à cet égard la commodité du peuple ;

« Ouï le citoyen agent national, délibère que le bâtiment, dit la Réparate, sera érigé en temple, dédié à l'Être suprême ».

Le temple était trouvé, il fallait trouver un

prêtre. On s'adressa à ceux que le couperet de la guillotine avait épargnés ; les trois premiers à qui cette proposition fut faite, ayant refusé furent immédiatement emprisonnés ; le quatrième Jacques Riquelmi, accepta, et même de grand cœur, si nous en croyons la déclaration qu'il fit, et par laquelle *il renonçait, de sa propre volonté, librement et sciemment à tous les vœux, promesses qu'il pouvait avoir faits malgré lui, comme aussi à la prêtrise et à tout ce qui pourrait y avoir quelque relation soit indirecte, etc., etc.*

Cette déclaration fut lue en séance publique de la Commission municipale, et accueillie par d'unanimes applaudissements.

Le mouvement s'étendait d'ailleurs à toutes les communes du département, et partout, les administrations locales étaient invitées à signaler aux délégués, les prêtres qui se refuseraient à prêter le serment de fidélité à la Nation et de foi à l'Être suprême.

La période qui nous sépare du 9 thermidor, s'écoule sans autres incidents remarquables. A l'armée, le jeune *Buonaparte* commence à se faire connaître ; mais notre rôle n'est pas ici de le suivre à l'aurore de ses succès.

Enfin, le 9 thermidor arrive, et le décret pris par la Convention Nationale, le 27 pluviose, pour accorder la liberté des cultes, fut accueilli à Nice avec une grande satisfaction ; elle se traduisit par une lettre adressée à Blanqui, représentant de Nice. On accueillit avec la même faveur les mesures prises pour déclarer déchus du pouvoir, les farouches révolutionnaires qui avaient laissé de si sanglants souvenirs, comme celles qui assuraient la paix et le bon ordre.

Le bruit ayant couru qu'on accusait à la Convention les Niçois d'avoir manifesté en faveur de l'ancien souverain du pays, l'adresse suivante fut rédigée et immédiatement envoyée à Blanqui :

Premières accusations de séparatisme.

« Vous nous marquez que dernièrement, on a annoncé à la Convention Nationale que le drapeau tricolore de la place de la République avait été transformé en pavillon savoyard, en n'y laissant que la couleur bleue. L'événement qui a donné lieu à cette atroce calomnie est le même qui eût lieu au pavillon du palais National. Le vent, à force d'agiter le drapeau tricolore de l'arbre de la République, en arracha les couleurs blanche et rouge, il ne resta que la bleue, laquelle tenant très fortement à la haste, et ne donnant point la même prise au vent, ne put pas être emportée comme les autres. Le commandant de la place ayant été instruit de l'événement survenu, se transporta sur le lieu, et on trouva encore au pied de l'arbre les couleurs qui avaient été emportées; on descendit le pavillon, et on répara de suite le tort que le vent seul avait fait.

« Voilà l'événement qui a servi de prétexte à la calomnie, pour jeter la défaveur sur les habitants de cette commune d'une manière si marquée.

« Cette dénonciation, portée contre elle, le caractère d'insolence et d'imbécillité de son auteur est si marqué, qu'il serait impossible de s'y méprendre. Quel homme, en effet, excepté celui qui a toujours été l'ennemi déclaré de son pays, aurait pu dénaturer d'une manière si indigne un fait si simple, pour rendre ses concitoyens un objet d'horreur aux yeux de la Convention Nationale ; quel homme, excepté celui qui n'a pas même su respecter la souveraineté du Peuple dans les Assemblées primaires, en intimidant, par des menaces, les citoyens honnêtes, dont il n'avait pas l'estime et la confiance, aurait pu outrager à ce point les représentants du peuple en mission dans ce département, le général de l'armée et le commandant de la place, pour ne pas parler des autorités constituées, qui tous seraient nécessairement complices de la plus horrible trahison, si le fait était vrai, ils n'en eussent pas ensuite recherché les auteurs, pour les livrer à toute la rigueur des lois, et n'en eussent pas instruit en même temps les Comités de salut public et de sûreté générale. Quel homme, excepté celui dont l'ignorance a toujours été égale à l'ambition, eût pu avancer que le drapeau tricolore avait été transformé en pavillon savoyard, en n'y laissant que la couleur bleue, puisque la couleur bleue seule ne forme pas plus le pavillon savoyard, que la couleur blanche seule, le pavillon national. Oh! qu'il est pauvre en patriotisme celui qui cherche à se faire valoir par de pareils moyens ; il n'y a pas à douter que cet homme-là ait dans l'histoire des représentants une figure aussi brillante que celle de Zoïle dans l'histoire des littérateurs.

« Nous vous avons exposé le fait dans les termes de la plus stricte vérité, et nous ne doutons pas que vous ne sachiez vous en servir pour confondre la calomnie, et pour faire retomber sur le calomniateur l'ignominie dont il a voulu couvrir les citoyens d'une commune, qui se feront toujours une gloire de manifester dans toutes les occasions l'attachement et la fidélité la plus inviolable envers la Convention Nationale ».

Toselli ne cite pas le nom de celui que stigmatisaient avec autant de force et de véhémence, les autorités constituées de la ville de Nice. Nous ne pouvons qu'imiter son silence.

Ce serait dépasser notre but que de vouloir retracer ici tous les mouvements de l'armée des Alpes. Disons seulement qu'au moment où nous en sommes de notre histoire, Bonaparte devenu général, venait d'arriver à Nice ; ce fut le point de départ de cette merveilleuse campagne d'Italie qui devait être le commencement de sa fortune militaire, et la première manifestation de son génie.

La nouvelle administration nommée à Nice, pensant sans doute que la période d'apaisement était enfin venue, crut pouvoir prendre des mesures réactionnaires. Mais le directoire exécutif pris de défiance envers cette Assemblée, révoqua purement et simplement tous ses membres. Ceux-ci protestèrent contre la mesure qui les frappait et les sentiments qu'on leur prêtait ; aussi déclarèrent-ils au ministre général de la police « qu'ils n'en seraient pas moins attachés au gouvernement républicain et aux principes qui caractérisent le bon et fidèle citoyen ; que jamais leur vœu ne changerait, qu'il ne serait jamais celui de protéger l'ennemi d'un gouvernement qu'ils chérissaient.... Périssent, disaient-ils encore, les malveillans, les traîtres, les tyrans, nous ne formerons jamais d'autres vœux ; puisse la sincérité de nos vœux en nous méritant l'entière estime du Directoire et la vôtre, vous porter *à nous rendre celle de nos concitoyens*, en faisant disparaître à jamais *les sinistres effets* qu'a occasionnés notre destitution ; puissent également nos successeurs faire mieux que nous, c'est aussi notre vœu le plus sincère ».

La nouvelle administration entra alors en fonctions ; et quelques jours plus tard, on apprenait qu'une Convention venait d'être signée à Turin par le roi de Sardaigne, par laquelle celui-ci cédait à la France, Nice, la Savoie et Tende. Cette nouvelle fut accueillie à Nice, avec beaucoup d'enthousiasme, malgré les cris discordants d'un certain nombre de personnes, royalistes avérés, qui voyaient que tout espoir était ainsi perdu pour eux. L'historien Durante raconte, sans apporter de preuves à son allégation, que la cession du comté de Nice à la France fit sur la masse des habitants une impression douloureuse.

Toselli, de son côté, dont nous nous plaisons à constater et à reconnaître, presque toujours, la grande impartialité, cite seulement l'opinion de Durante, et se garde bien d'y ajouter une ligne de commentaire.

Les incidents soulevés par la Convention signée par le roi de Sardaigne semblaient terminés, lorsque des manifestations provoquées par la garde nationale, lors de la fête du 10 thermidor, forcèrent le général Garnier, commandant la garnison de Nice, à prendre des mesures sévères de surveillance qui déterminèrent des réclamations de l'administration locale au ministère général de la police.

La difficulté s'accrut de nouveau des rivalités qui commençaient à se faire jour entre les royalistes et républicains, et des mesures prises à l'égard des émigrés. Celles-ci motivèrent même de la part du Directoire, un nouvel arrêté de révocation de l'administration communale, révocation dont voici le principal considérant :

« Considérant que l'administration municipale de la commune de Nice, département des Alpes-Maritimes, favorise la rentrée des émigrés, en admettant sur le territoire de la République les Français sans passeports venus de l'étranger, que cette violation de l'acte constitutionnel compromet la sûreté de l'État, et rend indignes de la confiance des administrés et du gouvernement, les administrateurs municipaux de Nice ».

. . . .

Les nouveaux magistrats exposèrent d'abord leur ligne de conduite dans une proclamation, dont nous citons la conclusion :

« Que des moments de souffrance inséparables d'une grande révolution ne nous dégoûtent pas de l'esprit républicain. Que des moments de peines occasionnées par la position de cette commune, qui a été quatre ans le théâtre de la guerre, et qui est encore le passage d'une partie de la brave armée d'Italie, ne nous découragent pas... La liberté a-t-elle pu s'acquérir sans qu'il en coûtât des privations, des froissements, des sacrifices, et nos défenseurs n'ont-ils pas versé leur sang, sacrifié leur vie ? Le vaisseau de la grande Nation touche au port : soyons tous unis, tous républicains ; il y entrera un moment plus tôt, et un moment plus tôt, nous jouirons des douceurs qui en dérivent ».

Ils adressèrent en même temps à la Convention Nationale un manifeste ainsi conçu :

« Appelés par la confiance du Directoire exécutif à l'administration municipale de la ville de Nice, les premiers moments de notre installation sont pour payer notre tribut d'hommages et de reconnaissance aux auteurs de l'immortelle et glorieuse journée du 18 fructidor.

« La scélératesse la plus astucieuse tramait depuis longtemps le renversement du gouvernement républicain ; les plus purs patriotes honnis, persécutés, les institutions républicaines avilies et méprisées ; la Constitution sapée dans ses fondements par des magistrats perfides, qui auraient dû veiller à sa conservation ; des prêtres réfractaires soufflant le feu de la discorde et du fanatisme ; les émigrés infectant le sol de la liberté et élevant une tête audacieuse ; telle était la situation de la France, qui vingt-quatre heures plus tard, allait rentrer sous le plus dur et le plus honteux esclavage, lorsque les représentants restés fidèles à la cause de la liberté, et le Directoire exécutif, l'ont sauvée par les mesures les plus sages et les plus énergiques.

« Gloire te soit donc rendue, Conseil des Anciens qui, dans la sagesse et la prudence de tes attributs, as su approuver les mesures qui ont sauvé la République.

« Que ce dernier triomphe de la liberté ôte à jamais l'envie à tes ennemis de former de nouveaux complots qui seraient également déjoués par l'attitude ferme et imposante du gouvernement et des autorités qui, toutes actuellement, veulent la stricte exécution des lois, l'union et la concorde parmi tous les citoyens, l'oubli de toutes les haines et de toutes les passions, pour ne former désormais qu'un faisceau de frères et de républicains.

« Tel est notre vœu et telle sera la base invariable de notre conduite.

« Vive la République !

« Vive la Constitution de l'an III ! »

La nouvelle administration se fit remarquer par un zèle excessif contre les émigrés. Nulle tracasserie, nulle formalité ne leur furent épargnées, pas plus qu'aux ecclésiastiques.

Mais bientôt d'autres préoccupations allaient se présenter. Nice qui venait de voir disparaître les « barbets » (assassins qui infestaient les environs) fut bientôt menacée à l'extérieur par la flotte anglaise. On appelle immédiatement aux armes, mais seule la garde nationale répond. Les *réquisitionnés* se montrent récalcitrants. La municipalité lance alors une proclamation dans laquelle s'adressant aux parents des jeunes conscrits réfractaires, après avoir blâmé l'irrégularité de la conduite de leurs fils, leur donne les conseils suivants :

« Vous leur direz avec tendresse, avec fermeté : Allez à votre poste, imitez les vainqueurs de Fleurus, de Lodi, d'Arcole, de Jemmapes, du Rhin, défendez vos foyers, sauvez vos pères, vos mères, vos épouses, vos parents, votre patrie du joug de l'esclavage, acquittez-vous courageusement de votre dette envers la Patrie ; vos enfants s'en acquitteront pour vous ; dites-leur encore : volez à vos drapeaux, fixez la victoire et revenez avec les lauriers et l'olivier ! »

Nice en état de siège. Mais ces conseils ne sont pas généralement entendus, et le Directoire déclare la ville de Nice en état de siège.

Les premiers symptômes de la peste vinrent s'ajouter aux complications du moment, et la situation était des plus pénibles, lorsque le terrible fléau commença à ravager la ville de Nice et les communes du département.

Les victimes en furent nombreuses. Après le président de la municipalité Emmanuel, le général Championet tombe lui aussi. A la maladie s'ajoute la disette, et Nice connaît de nouveau les inquiétudes et les malheurs.

Par surcroît. la nouvelle se répandit que l'armée d'Italie battait en retraite, et allait bientôt laisser les armées impériales entrer à Nice. Cette prédiction s'accomplissait quelques jours plus tard, et le général baron Mélas prenait possession de la ville et menaçait la Provence. Ce ne devait être qu'un incident passager de cette longue et pénible campagne d'Italie, puisque quelques jours plus tard, le général Suchet, à la tête des armées françaises opérait sa rentrée à Nice, que venaient de quitter les généraux de l'armée austro-sarde, Gorrup et Elsnitz.

Suchet fait aussitôt afficher la proclamation suivante, autant pour rassurer les habitants, que pour leur faire connaître ce qu'il attend de leur patriotisme :

« Suchet, lieutenant-général en chef, aux habitants du département des Alpes-Maritimes :

« Les troupes françaises rentrent de nouveau sur votre territoire.

« Je vous promets, au nom du général en chef, respect aux personnes et aux propriétés, ou punition terrible à celui qui oserait oublier qu'il est citoyen Français. Que les autorités civiles reprennent sur-le-champ leurs fonctions, qu'elles déploient fermeté et justice ; que le soldat blessé puisse trouver secours et soulagement.

« Voici une occasion de prouver que vous êtes dignes d'être pour toujours attachés aux destinées de la République Française, et jaloux de concourir à son affermissement. »

Signé : SUCHET.

Le Conseil municipal décida qu'en l'honneur de l'armée française, les rues de la ville seraient illuminées.

Nice vit arriver, à cette époque, son premier préfet, M. Florens, qui occupait précédemment les fonctions de secrétaire d'ambassade auprès du pape.

Florens se préoccupa avant tout de rétablir le calme dans les esprits, l'ordre dans l'administration municipale, qui depuis huit années avait eu tant à souffrir. Sur sa proposition, quelque temps après son arrivée, l'état de siège fut supprimé.

La paix de Lunéville avait été signée le 9 février 1801, et avait eu pour conséquence, la rentrée des émigrés et le libre exercice du culte.

Le 14 juillet suivant est fêté à Nice avec un vif enthousiasme. Les autorités, au milieu d'une grande affluence, se rendent à Sainte-Réparate pour y entendre un *Te Deum*. On assiste ensuite à des exercices militaires simulant la prise de la Bastille ; dans l'après-midi, des jeux populaires sont organisés de toutes parts, et le soir, un grand bal et de brillantes illuminations clôturent dignement la fête. Enfin, le 9 novembre, ou plutôt le 18 brumaire (l'almanach grégorien n'ayant pas encore remplacé l'almanach républicain), de nouvelles réjouissances ont lieu pour célébrer la conclusion de la paix entre la France et l'Angleterre. Elles furent surtout une glorification du général en chef des armées françaises, du premier consul Bonaparte. Un temple fut élevé, et les inscriptions que l'on y mit n'avaient d'autre objet que de célébrer les victoires du vainqueur d'Arcole : « A Bonaparte vainqueur, « à Bonaparte pacificateur, à Bonaparte protec- « teur des sciences et arts ». C'est donc à Bonaparte seul, que s'adressaient les applaudisse- ments, les souhaits de tous. En fait, l'Empire naquit ce jour là.

Le préfet Florens ne tarda pas à être remplacé par le comte de Châteauneuf-Randon, un farouche montagnard de la Convention, qui loin de faire oublier son prédécesseur, ne put se maintenir, et fut obligé de donner sa démission quelques mois après son arrivée.

Nice sous le Consulat.

La paix d'Amiens était bientôt suivie du vote du Sénat accordant à Bonaparte le titre de premier Consul à vie. Nice, par l'organe de ses autorités municipales, lui exprima sa satisfaction et lui adressa ses félicitations en des termes aussi sincères qu'enthousiastes.

Châteauneuf-Randon était remplacé par Dubouchage. Celui-ci sut se créer, dès le premier jour, un grand courant de sympathies qu'il mérita d'ailleurs par son dévouement aux intérêts de la ville et du département.

Imitant en cela l'exemple d'un grand nombre de Conseils municipaux, l'Assemblée communale de Nice adressa à Bonaparte une adresse chaleureuse pour l'engager à accepter le titre d'empereur qui venait de lui être offert. Cette adresse mérite, à plusieurs titres, d'être reproduite :

« Citoyen, premier Consul,

« Lorsque les arrières petits-fils des Colons marseillais, les habitants des Alpes-Maritimes, votèrent leur réunion à la grande Nation, et que ce vœu agréé par elle, les associa pour toujours aux destinées du peuple Français, un heureux pressentiment leur fit entrevoir dans l'avenir, cette magnifique perspective de gloire et de puissance que votre épée et vos conseils ont enfin consolidée.

« Par un résultat nécessaire de vos éminentes vertus et de vos hauts faits, vous réunissez, à juste titre, dans votre Auguste personne, cette masse imposante de puissance et de gloire.

« Héros incomparable, vous tenez dans vos mains, fortes de sagesse et de courage, le sort d'un très grand nombre d'États !

« Plus grand, plus illustre, plus savant que Charlemagne, vous ne pouvez pas en refuser le diadème.

« Qu'il soit posé sur votre tête sacrée, et qu'il se perpétue dans votre famille, formée comme vous à l'exercice des grandes vertus.

« Tel est le vœu général de ces nations, naguère subdivisions éparses *de l'ancien peuple gaulois,* maintenant réunies en corps de nations, par la main de la victoire et par votre génie.

« Tel est le vœu particulier de la ville de Nice, chef-lieu de ces Alpes-Maritimes, qui ont été jadis *l'une des provinces de l'ancienne Gaule.*

« Devenez à la fois, l'Empereur de cette Gaule celtique, Belgique, Acquitaine et Narbonnaise ; de cette Gaule transalpine et ultérieure ; de cette Gaule Comata, Braccata et Togata, dont César qui n'aurait pas su être votre émule, a tracé les limites.

« Vous consoliderez à jamais le bonheur d'un nombre immense d'hommes qui habitent ces vastes et fertiles contrées, et auxquels vous avez fait oublier les maux inséparables d'une grande révolution.

« Vous ajouterez à leur enthousiasme, pour votre nom et pour la gloire et la puissance de leur patrie, par les souvenirs de l'histoire et par les sentiments de votre propre puissance et de votre gloire, inséparables de celle du peuple Français. Vous conduirez, avec plus d'élan et de rapidité, les plus jeunes d'entre eux, sur les bords de la perfide Albion.

« Vous redonnerez plus promptement à la terre entière, la longue paix qu'Auguste, dont vous surpasserez l'âge, donna aux parties du globe, qui étaient alors les seules connues.

Sous votre empire, sous celui de vos descendants, héritiers de vos vertus, les principes immortels pour lesquels nous avons tant combattu, et que vous avez fait triompher par vos armes, par vos conseils et par votre code, cesseront d'être des problèmes, car vous voudrez, car ils voudront, ce que le peuple français peut maintenant vouloir, ce qu'il a voulu en 1789 : une Constitution, depuis longtemps désignée aux hommes d'État, par le plus sage et le plus illustre des empereurs romains ».

Lorsque la nouvelle de la proclamation de Napoléon comme empereur des Français fut apportée officiellement à Nice par un courrier extraordinaire, le maire, Romey, la fit connaître à ses administrés en un manifeste chaleureux. La population accueillit, avec un grand enthousiasme, l'élévation à la dignité Impériale, de celui que ses victoires avaient désigné pour l'autorité suprême. Les cris de *Vive l'Empereur ! Vive Napoléon !* retentirent dans la ville en fête. Une fois de plus, la population Niçoise venait de montrer son complet attachement à la France.

Des félicitations, sous forme de plébiscite, furent alors adressées à Napoléon, par tous les départements français. Pour Nice, le résultat fut de *3488 oui* contre *2 non ;* pour Puget-Théniers, de *2818 oui* contre *3 non.* On voit par là que les plébiscites n'ont jamais porté bonheur aux dé-

Nice et le premier Empire.

7.

tracteurs de la France à Nice, et que comme en
1860, et dans toutes les occasions où le peuple a
été appelé à manifester ses sympathies, celles-ci
se sont toujours tournées, avec une touchante
unanimité, vers la France.

Une députation de quatre membres fut char-
gée d'offrir les félicitations des Alpes-Maritimes à
l'empereur des Français. Une adresse lui fut
également envoyée au nom de toutes les autorités militaires, civiles et religieuses.

Lorsque le couronnement de l'empereur fut
décidé, on invita les départements à se faire
représenter par une députation composée de 16
gardes-nationaux. Pour Nice, le choix fut des
plus laborieux ; tous voulant faire partie de la
délégation. L'arrêté du maire désigna pour ce
mandat : Ferdinand Castellinard ; Jean-François
Caravel ; Antoine Cougnet ; Augustin Constantin;
Jean-Baptiste Duguet. A ceux-ci se joignirent les
délégués des autres parties du département.

« Le jour du sacre, dit Toselli, fut d'ailleurs
pour la ville de Nice un grand jour de fète, et la
chûte du jour fut signalée par des salves d'artillerie, et une illumination générale clòtura cette
fète qui se liait si étroitement au bonheur de
l'humanité ».

A son Empire, Napoléon venait d'ajouter la couronne de roi d'Italie, et l'Autriche se sentant menacée, prenait l'offensive. Un appel fut adressé par l'empereur aux Français, en vue de combattre l'ennemi, et de recommencer la série des victoires.

Nice fut des premières à répondre à cet appel, et le Conseil municipal, interprète de sa volonté, la fit connaître en ces termes :

« SIRE,

« Tout augmente l'indignation excitée par l'agression inopinée de la maison d'Autriche.

« Naguères, plusieurs fois vaincue par les armées toujours victorieuses de la France, l'Autriche a médité dans le secret du machiavélisme, l'infraction de la paix.

« Elle puise avec ingratitude dans les concessions généreuses de cette paix, les moyens de seconder les vœux perfides des Anglais, éternels ennemis du continent.

« Cette juste indignation, fortement sentie par les Français, est vraiment partagée par les habitants de votre bonne ville de Nice.

« Associée à jamais aux heureuses destinées

de la Grande Nation, distinguée par le haut rang
d'une des principales villes de votre Empire, Nice
ressent avec énergie les élans de patriotisme et
de dévouement, inspirés par votre harangue au
Sénat conservateur.

« Il a suffi aux fidèles habitants de cette commune d'entendre votre voix, pour répondre à
votre appel.

« Déjà la garde nationale de Nice a demandé
des armes. Les autres habitants demandent maintenant par notre organe, à concourir, de tous
leurs moyens, à la conservation de l'indépendance nationale, à l'accroissement illimité de la
gloire du héros qui l'a consolidée, et qui en est
inséparable, aux sacrifices enfin que la gravité
des circonstances et le salut de la patrie pourraient exiger de tous les citoyens qui en sont les
amis sincères et dévoués.

« Nous nous estimons heureux, Sire, de porter
au pied de votre trône, l'hommage de ces sentiments unanimes, et avec eux l'hommage profondément respectueux de notre amour, de notre
soumission, et de notre inviolable fidélité.

« Signé : le maire, les adjoints et les membres du
Conseil municipal ».

En dehors des formules de simple politesse, qui revêtent ici une forme de respect et de soumission que la gloire de Napoléon rendait, en quelque sorte, obligatoires, il est bien permis de constater l'affirmation non équivoque de l'attachement des Niçois à leur patrie d'origine.

Depuis 1793, l'administration française n'avait pu, en raison des événements, reconnaître par des faveurs particulières, l'amour que Nice manifestait à la France. Ce n'était donc pas la reconnaissance qui la faisait agir, il faut chercher une autre raison de cet amour... et où la trouver, sinon dans ce sentiment qu'ont tous les peuples, pour leur patrie naturelle ?

La guerre était déclarée, mais la fortune, jadis si souriante, semblait vouloir abandonner Napoléon. L'enthousiasme continuait néanmoins, toujours aussi vif, aussi sincère qu'aux premiers jours de son règne. Le Conseil municipal de Nice offre par souscription, douze cavaliers tout équipés, pendant que les volontaires niçois répondent en foule, à l'appel aux armes.

Napoléon venait d'être repoussé vers le Rhin. L'impératrice régente crut utile de faire un nouvel et pressant appel au patriotisme des Français.

Nice répond en envoyant à l'Impératrice une délégation, portant l'adresse suivante :

« Madame,

« Associés aux destinées de la France, dès ses premiers jours, nous avons toujours confondu ses intérêts et les nôtres.

« Profondément pénétrés de ce qu'exigent les circonstances où se trouve l'Empire, nous nous empressons de répondre à l'appel que S. M. I. fait à tous les Français, au nom du chef auguste de l'État, de la patrie et de l'honneur.

« Maintenir sans tache la gloire du trône, l'intégrité de l'Empire, et commander enfin une paix glorieuse, tels sont les vœux de votre Majesté.

« Pour obtenir de si grands avantages, et pour seconder les travaux généreux de S. M. votre auguste époux, il n'est aucun sacrifice qui coûte à des Français. Plus ils sont grands, plus ils seront de courte durée, et leurs résultats décisifs.

« Qu'à cet élan unanime et sincère de tous les sujets de V. M., les ennemis abandonnent leurs projets chimériques, qu'ils cessent d'être sourds aux vœux de l'humanité, et qu'ils accueillent enfin l'olivier de la paix que S. M. n'a cessé de leur présenter, au milieu de ses triomphes les plus éclatants, et lors même de leurs cris de guerre.

« Au spectacle imposant d'une nation immense belliqueuse, invariablement unie au sort du héros qui la gouverne, et prête à s'immoler pour lui, que tout Français abandonne les étendards d'un prince qui a foulé aux pieds la religion, la patrie, et la reconnaissance ; qu'il rompe les liens qui voudraient l'y retenir ; qu'il obéisse à l'appel du patriotisme de ses concitoyens, si l'honneur ne l'y a pas contraint d'avance, et que ce prince malheureux, comme frappé d'anathème au milieu de ses impuissants défenseurs, se voie seul avec son crime.

« Telles sont, Madame, les sentiments qui animent vos fidèles sujets de la bonne ville de Nice et des Alpes-Maritimes ; ces sentiments se réveillent surtout dans nos âmes à la vue de l'auguste postérité de l'héroïne pour qui un peuple brave et généreux voulut mourir ».

Quels sentiments fait naître, en l'esprit de l'historien impartial, la lecture de ce document ! Que faut-il admirer de plus : Ce patriotisme si pur des Niçois, ou la fierté avec laquelle ils revendiquaient leur qualité de Français ?

Et que pourrait-on ajouter à ces conseils que Nice fait entendre aux Français qui combattent sous les étendards du prince foulant aux pieds la religion, la patrie et la reconnaissance. Quelle sévère leçon pour ceux qui avaient déserté leur vrai drapeau.

Quel sujet de méditation pour ceux qui, aujourd'hui, se font les négateurs des sentiments français de Nice.

Pourquoi Nice retourne au comté de Savoie. Les revers des armées françaises et la défaite de Napoléon habilement exploités, l'arrivée des troupes alliées présentée comme garantie de paix, les fonctions administratives maladroitement confiées à d'anciens serviteurs ou à des partisans du roi de Sardaigne, avaient fait naître à Nice un état d'inquiétude et d'exagération.

Si à cela on ajoute que les armées alliées qui combattaient contre Napoléon avaient à leur tête un prince Français qui fut Louis XVIII, on comprendra facilement la raison qui empêcha Nice d'accepter l'autorité de ce prince, et la fit consentir sans trop de regret à rentrer sous la domination du gouvernement savoyard auquel l'avaient précédemment unie plusieurs siècles de bonne et sage administration.

Et en ce faisant, Nice ne reniait pas sa conduite passée ; elle restait fidèle à Napoléon, et le jour où celui-ci avait dû s'embarquer pour l'île d'Elbe, plutôt que d'accepter la domination de son ennemi, elle avait mieux aimé retourner sous le gouvernement de Sardaigne.

Le sentiment qui avait, en la circonstance, déterminé la conduite des Niçois, était avant tout, disons-le bien haut, un sentiment de lassitude et d'écœurement provoqué par l'abandon de Napoléon par ceux-là même qui auraient dû le défendre.

Aussi, l'épouvante s'empara-t-elle du gouverneur et des autorités de Nice, lorsqu'ils apprirent le débarquement de Napoléon au Golfe-Juan, et qu'ils envisagèrent la possibilité d'une manifestation de la population en sa faveur. Comment expliquer autrement les précautions extraordinaires qui furent prises en cette circonstance pour réprimer tout mouvement ?

Les intrigues qui avaient accompagné la rétrocession de Nice au roi de Sardaigne, sont tellement curieuses, qu'il nous paraît intéressant d'en

Comment Nice retourna au comte de Savoie.

préciser les détails. Pour cela, nous ferons un retour en arrière.

Nous ne saurions mieux faire que de recourir à Toselli, dont nous avons tenu à nous inspirer, pour ce qui concerne le côté historique de notre livre, et dont nous avons toujours, avec plaisir, constaté la véracité, à côté même du parti pris politique dont il dut forcément être animé.

Le congrès de Paris était réuni : on allait procéder à la réorganisation de la nouvelle carte d'Europe.

Dans le partage, le roi de Sardaigne était, en vertu même des principes exposés dans la fable du Lion, absolument oublié. Nice et la Savoie devaient en effet, de par la décision du congrès, être maintenues sous la domination française.

Le roi de Sardaigne était heureusement représenté par un ambassadeur à la fois habile et éloquent, le général Michaud, qui à sa qualité de mandataire de Victor-Emmanuel, joignait les fonctions d'aide de camp de l'empereur Alexandre de Russie.

Nous laisserons ici la parole à l'auteur niçois qui expose les détails de l'entrevue du général Michaud avec l'empereur, après une séance du congrès des alliés :

« L'empereur Alexandre allait se mettre au lit. Profitant du privilège des aides de camp de pouvoir entrer à toute heure chez S. M. il se fit annoncer. L'empereur, toujours bon et aimable, lui dit en le voyant : « Quel bon vent vous amène à cette heure, mon cher Michaud ? — Sire, le plus grand malheur qui puisse m'arriver ». — Comment, mon pauvre Michaud, que vous a-t-on fait ? — Rien de personnel Sire, car je ne me permettrai jamais d'importuner V. M. pour mon compte, mais je viens d'apprendre Sire, que demain matin on va signer un traité qui dépouille le roi de Sardaigne, mon maître, d'une bonne partie de ses États.

« L'empereur lui répondit alors qu'on avait tâché de faire le traité avec la plus grande équité possible ; que M. de Metternich avait été chargé, lui qui connaissait l'Italie mieux qu'aucun ministre étranger, d'avoir aussi égard à l'aspiration des peuples ; que le col de Tende et le Mont-Cenis étaient des limites naturelles ; que la langue et les usages de Nice et de la Savoie étaient tous français, et que, d'ailleurs, les populations désiraient vivement rester à la France ; qu'enfin c'était trop tard pour pouvoir revenir sur ce qui avait été décidé après de mûres réflexions ».

« Le général ne se découragea pas ; il osa faire

observer respectueusement à S. M. le véritable
état des choses : « Sire, lui dit-il, V. M. a été
surprise, on l'a trompée. Originaire de la Savoie
et natif de Nice, je puis assurer V. M., au nom de
mes fidèles compatriotes, dont j'interprète l'intention dans ce moment solennel, que nos aspirations et nos vœux sont d'être à la maison de
Savoie. Sire, V. M. est trop juste pour signer un
traité qui dépouille ainsi un ancien allié, pour
l'heureuse restauration duquel les émigrés ont
servi à l'étranger ; que V. M. daigne jeter un
coup-d'œil sur cette carte géographique.

« L'empereur qui, déjà au camp de Drissa, avait
apprécié le coup-d'œil militaire de son aide-de-
camp, s'approcha, et le général réussit à prouver
stratégiquement la nécessité que le Piémont fut
un état plus grand et plus fort ; que non seulement l'équité et la justice s'opposaient à la spo-
liation du Piémont de deux provinces aussi utiles
à sa sécurité que dévouées et fidèles, mais que
l'Etat de Gênes était aussi indispensable comme
port de mer. L'empereur observa avec beaucoup
d'attention et parut ébranlé ».

Ainsi, l'ambassadeur du roi de Sardaigne qui
représente les intérêts de son maître, mais nullement les aspirations de la Savoie et de Nice,
tient à peine compte des sentiments des popula-

tions de ces pays. Il n'insiste véritablement que sur la nécessité qu'il y a pour les alliés à ce que le roi du Piémont soit à la tête d'un État « grand et fort ». Il ne parle ni des frontières, ni de la langue, ni des usages, car il comprend en effet que ce seraient là des arguments contraires à sa thèse. L'empereur Alexandre lui dit que la Savoie et Nice désirent vivement rester à la France. Michaud répond que les vœux et les aspirations de ses fidèles compatriotes sont d'être à la maison de Savoie. Nous venons de dire que le général n'avait pas mandat officiel pour parler au nom de ses compatriotes, mais une mission personnelle. Son affirmation habile n'était pour lui qu'un argument du moment. Il ne peut venir à l'idée de personne de lui attribuer une portée autre que celle-là.

Cette impression fut d'ailleurs celle de l'empereur Alexandre qui répondit finement au général : « Pour le coup, mon cher Michaud, vous êtes un peu trop gourmand pour votre roi ; est-ce que tous ses sujets lui sont aussi dévoués que vous ? réponse qui, tout en rendant hommage à la fidélité du général pour son maître, laissait entrevoir ironiquement le peu de valeur de ses arguments.

CHAPITRE VI

NICE ET LE PIÉMONT

Nice était donc revenue de nouveau sous le pouvoir de Victor-Emmanuel. Ayant accepté le fait, elle en subit les conséquences. Disons-le, à l'honneur du prince de Savoie, elle y trouva la tranquillité et la prospérité.

Ce prince étant mort peu après, eut pour successeur son fils Charles-Félix, qui continua les généreuses traditions de son père dans l'administration du comté de Nice. Son gouvernement se fit même remarquer par son désir de rendre cette ville plus importante, et de se l'attacher par la reconnaissance. Devons-nous voir dans sa conduite le souci de faire oublier les sentiments de sympathie à la France restés vivaces au cœur des Niçois? Il nous faut du moins reconnaître impartialement le fait sans autres commentaires.

Avec Charles-Albert son successeur, dont l'éducation s'était faite à Paris, nous arrivons à la première phase de l'émancipation de l'Italie, et aux premières tentatives pour son unité et son indépendance.

Le règne de Charles-Albert fut toutefois des plus agités. Ayant à combattre contre des ennemis intérieurs dont les sourdes menées lui créaient une situation fâcheuse, il eut encore à redouter les attaques de l'Autriche.

Nous n'avons pas à raconter les péripéties de son règne qui ne nous intéressent qu'indirectement ; il nous suffira de dire que, vaincu à Novare, le malheureux prince fut obligé d'abdiquer et de se retirer en France. Il résumait lui-même en ces termes son histoire : « Ma vie est un roman, je n'ai pas été connu ».

La constitution de Charles-Albert.

Nice avait accueilli avec beaucoup de faveur les tentatives libérales de Charles-Albert. Le projet de constitution dû à son initiative y avait rencontré un consentement unanime. Ce fut prétexte à des discours débordants de lyrisme et d'enthousiasme, où le nom de la France ne fut pas oublié.

Les événements qui se passaient à Paris trouvaient immédiatement leur contre-coup à Nice.

La chûte de Louis-Philippe et la proclamation
de la République amenèrent donc ses autorités à
prendre des mesures défensives contre les tendances qui menaçaient de se propager.

Ces tendances furent d'ailleurs nettement exposées par un journal l'*Echo des Alpes-Maritimes,* dont nous croyons utile de reproduire un
article où, sous une forme que nous reconnaissons exagérée, et, à côté d'affirmations que nous
n'hésitons pas à taxer d'erronées, se traduisirent
des sentiments que l'on peut considérer comme
l'écho des aspirations des habitants du comté de
Nice.

« Depuis deux cents ans, disait l'*Echo des
Alpes-Maritimes,* nous avons vu successivement disparaître tous nos privilèges ; aucun
des travaux publics exécutés par l'Etat n'a pu
nous prouver que l'on ait jamais songé à
notre malheureux pays, et quand on y songe,
c'est pour achever de ruiner notre commerce, et
les ressources qui nous restent.

« Dans le plan qu'on nous a déroulé, on a
remarqué que la Savoie est comme si elle n'existait pas, bien qu'on lui ait, par politesse, dit une
parole d'espoir. Aussi commence-t-elle à s'émou-
voir de son côté des tendances qui se manifes-

tent. Les députés viennent d'élever la voix dans la Chambre ; mais la Chambre étant italienne ne comprend pas le français, et murmure quand on lui parle cette langue. Pour nous, avec qui l'on a usé de moins de ménagements, et à qui on a imposé l'usage de la langue italienne dans nos écoles, dans nos tribunaux, et jusque dans nos églises, malgré l'invincible résistance que la force des choses a opposée à cette introduction, nous avons sur la Savoie l'avantage d'entendre estropier chaque jour la langue de Dante, et d'envoyer à la Chambre, des députés auxquels les ministres et le président peuvent répondre sans exciter l'indignation des puritains.

« Maintenant devons-nous craindre qu'on nous réponde, comme il n'y a pas bien longtemps encore, que Nice n'appartient plus à la maison de Savoie par suite de donation volontaire, mais bien par droit de conquête depuis 1815 ? Si nous devons être traités en pays conquis, si par suite de la configuration de notre sol, et pour ménager les intérêts de Gênes et de Turin, nous devons mourir de faim derrière nos montagnes n'ayant, pour communiquer avec le Piémont, qu'une route qui traverse trois chaînes de montagne, et avec Gênes une route qui n'est pas encore classée et est coupée par de milliers de torrents, si l'on nous ferme les portes du côté de France ; en un mot, si la Savoie et Nice sont destinées à devenir l'Irlande de l'Italie, eh bien ! nous aurons aussi des repealers ! M. de Santa-Rosa ne nous aura point fait rechercher en vain les anciennes limites de la Ligurie, et nous pourrions bien, à notre tour, examiner si la nature a voulu nous faire vivre avec nos frères de droite ou avec ceux de gauche ».

Même en tenant compte du ton de la polémique, il ressort clairement de cet article, qu'à Nice avant l'annexion, tout ne marchait pas pour le mieux.

Cet article donna lieu, d'ailleurs, aux plus violentes discussions, et le gouvernement crut utile d'intervenir en faisant organiser une manifestation soi-disant populaire, contre les tendances que venait de traduire l'*Echo des Alpes-Maritimes*. Des scènes regrettables déterminèrent une vive surexcitation parmi la population niçoise, et divisèrent, plus profondément encore, les partisans de la France et ceux de l'Italie.

Un incident survenu au théâtre pendant une représentation des *Diamants de la Couronne*, accentua encore ces dissentiments. Au milieu de cette représentation, quelques jeunes gens entonnèrent la *Marseillaise*. Ce fut le point de départ d'applaudissements et de manifestations fort bruyantes qui faillirent mettre aux prises les deux partis.

Le gouvernement s'en émut, et lança une proclamation dont voici quelques extraits :

« CONCITOYENS,

« Des mouvements contraires à l'ordre, et des cris tumultueux ont troublé ces jours derniers le cours des représentations du théâtre jusqu'à présent si paisible et si régulier ; et quelques voix de mauvais augure ont chuchotté que ces mouvements et ces cris n'étaient que le prélude de plus folles et de plus coupables tentatives.

« Que les bons et loyaux citoyens se rassurent, et que le petit nombre d'esprits égarés et irréfléchis qui pourraient nourrir des projets séditieux et anarchiques, ne se fassent pas illusion : l'ordre et le repos public ne seront pas troublés à Nice.

« Niçois, j'en trouve la garantie dans les sentiments qui vous distinguent parmi les peuples liguro-piémontais, je la trouve dans vos témoignages solennels d'affection et de dévouement pour le trône constitutionnel auquel vous attachent de si puissants et de si antiques liens.

« Appuyé par le patriotisme éprouvé de notre brave et généreuse milice nationale, soutenu par le vœu et le concours de tous les honnêtes et paisibles citoyens, je saurai conserver intacte et forte, l'autorité dont je suis provisoirement dépositaire ; je saurai réprimer tous les actes illégaux et contraires à l'ordre actuel des choses ».

Ce document était signé par le vice-intendant général Rey.

Le vice-intendant Rey commettait d'abord une erreur historique volontaire en appelant le peuple niçois liguro-piémontais, de plus, au lieu de faire appel à des sentiments de tranquillité et de paix, il essayait le système de l'intimidation, en faisant directement appel au patriotisme de la milice nationale, c'est-à-dire à la force armée.

Reprenons le cours des événements. L'Autriche conquérante envahissait peu à peu les états sardes. La Lombardie venait de tomber en son pouvoir. Les hostilités avaient recommencé tout à coup, avec plus de violence, à la suite d'un manifeste paru dans un journal et inspiré par le feld-maréchal Radetzky. Le roi de Piémont y était attaqué avec véhémence, pour ne pas dire avec grossièreté. A ces attaques, répondirent les cris de vengeance qui s'élevèrent de toutes les parties du Piémont gravement offensé dans la personne du roi. C'était le signal d'une guerre, dont nous aurons, plus loin, à nous occuper.

Nous avons dit précédemment que Charles-Albert vaincu dans ses rencontres avec les Autrichiens, venait de se démettre de son autorité, la confiant aux mains de son jeune fils Victor-Emmanuel.

Charles-Albert ne tardait pas à succomber sous le coup des malheurs qui l'avaient assailli. Son corps fut ramené dans ses Etats, et la cérémonie funèbre célébrée à Nice, provoqua une manifestation de regrets pour la perte de ce roi au cœur généreux et à l'esprit foncièrement libéral.

Premiers actes du gouvernement de Victor-Emmanuel. Un des premiers actes de Victor-Emmanuel fut de dissoudre, sur la proposition du Conseil municipal, la garde nationale de Nice. Nous avons voulu chercher les raisons politiques de cet acte ; mais les historiens niçois sont muets à ce sujet. Nous la trouverons peut-être dans le fait qui suivit la dissolution. Lorsqu'il s'agit de renouveler la milice, l'indifférence des électeurs niçois fut telle que (1) le ministre de l'intérieur exprima son étonnement que Nice, seule entre toutes les

(1) Toselli. *Histoire de Nice*, 3ᵉ volume.

villes de l'Etat, ne put, depuis un an que la garde nationale avait été dissoute, parvenir à la réorganiser.

On peut en conclure que cette abstention de la population Niçoise était l'expression de son mécontentement contre le nouveau gouvernement. Cette dissolution n'était pas le résultat du relâchement de la discipline, comme on voulut bien l'alléguer depuis.

La politique de sévérité continua à Nice, et, sous prétexte que les cafés étaient le rendez-vous des perturbateurs et des factieux, on exhuma des archives, d'anciens règlements pour exiger leur fermeture pendant les heures d'offices.

L'*Echo des Alpes-Maritimes* qui avait été interdit, reparut sous le titre *L'Avenir de Nice*, et se fit l'organe des récriminations soulevées par les mesures coercitives de la police.

Citons quelques extraits des articles qui furent alors publiés :

« Rendons grâce au gouvernement piémontais d'avoir ramené le jésuitisme parmi nous à l'aide des fonctionnaires de son choix, et admirons-nous, nous aussi Niçois, pour l'héroïque patience dont la nature nous a doués. Le règne

du bon plaisir va nous être rendu, non celui des
princes et des rois, mais celui des évêques et
des intendants. On a donné au pays une constitution et des lois nouvelles, mais elles ne sont
pas pour nous, ou plutôt elles n'existent pas
pour ces grands fonctionnaires. Ils ont de vieilles
lois, d'anciens règlements, tout l'arsenal de la
police du bon temps, ils en connaissent toutes
les ressources, et l'application en est d'ailleurs
à la portée d'un enfant. Qu'est-il besoin pour
eux de tout ce fatras sorti du mouvement révolutionnaire ? vite une ordonnance de police, des
commissaires et des gendarmes, c'est plus expé-
ditif. Allons, peuple de Nice, de par l'intendant
général de la division, tu iras à la messe le dimanche, de 10 heures à midi, et aux vêpres de 2 heures à 4, tu n'auras ni faim, ni soif, aux heures des
offices. Encore quelques jours, et on en viendra
aux coups de plat de sabre et aux mesures économiques. L'Intendant général, à qui nous avons
vainement cherché pendant longtemps un mérite
quelconque, possède à ce qu'il paraît, d'assez
profondes connaissances en fait d'archéologie
policière. C'est au mieux et nous l'en félicitons,
mais.....

« Ce dont on a quelque droit d'être surpris
dans tout ceci, si déjà en diverses occasions il

n'avait fait preuve de faiblesse, c'est de voir le syndic qui affecte d'être si jaloux de conserver intacte l'autorité que la loi lui confère, rester impassible devant les empiètements de l'intendance. Est-ce qu'il nous faudra encore le voir se résigner au rôle de premier commis ? ».

Cette ingérence du gouvernement, ces mesures vexatoires, furent d'ailleurs sévèrement jugées par le Conseil municipal. Toselli nous donne le compte rendu d'une séance où cette question fut discutée :

« La séance était terminée, lorsqu'un conseiller, M. Juge, demanda la parole pour adresser une interpellation au syndic.

« Celui-ci se lève vivement et dit : Nous étions réunis pour délibérer sur un sujet déterminé, la délibération est prise, je lève la séance (*Plusieurs membres s'empressent de quitter la salle*).

« M. CARLONE. — On ne propose point de délibérer sur un nouveau sujet, mais seulement de vous adresser des interpellations sur des faits relatifs à votre administration. Le refus que vous opposez n'a pas de précédents, et vous méconnaissez un droit qui appartient en tout temps à tout conseiller.

« M. Avigdor appuie cette observation, et M. Juge insiste pour que la parole lui soit accordée. Le syndic *(d'une voix visiblement altérée et en agitant la sonnette)*. Eh bien ! parlez… je vous écoute *(il se rassied)*… Messieurs, en place s'il vous plaît. M. Juge vous avez la parole, je lèverai la séance quand vous aurez parlé.

« M. Juge. — Messieurs, vous connaissez les faits qui se sont passés dans la journée de dimanche et qui ont été provoqués par le manifeste de M. l'Intendant Général pour la fermeture des cafés. La force armée a croisé les baïonnettes et a marché contre la foule… Je n'entrerai pas dans l'examen de la question de légalité, d'autres le feront ailleurs. Je ne veux qu'exposer les faits. Le calme le plus absolu régnait dans le pays. Aucun bruit, aucune crainte n'avait pu éveiller les soucis de l'autorité, lorsqu'un manifeste provocateur lancé par l'intendant, est venu ordonner la fermeture des cafés aux heures des offices.

« Les intéressés ont présenté, sans résultat, leurs réclamations, et la population y a fait droit le premier dimanche, en s'opposant à la fermeture des portes. Mais pour le dimanche suivant, l'autorité a voulu avoir raison à son tour ; les troupes de la garnison étaient consignées dans leurs casernes, dix-huit gendarmes ont envahi le Café Royal et celui de l'Indépendance italienne, des agents de police répandus sur la promenade provoquant la population... La résistance ne s'arrêtera point là... J'invite donc le syndic à user de ses droits, et à s'occuper des moyens à employer pour prévenir quelque grave malheur. Déjà dimanche dernier, il n'a tenu qu'à un cheveu qu'une collision commençât, et que peut-être le sang des citoyens fut versé... Je demande que les membres du conseil se joignent à moi pour appuyer l'invitation que j'adresse au syndic, et je vais lire une protestation couverte de trois cents signatures qu'on lui adresse à cette fin...

« Le Syndic (*interrompant*). — Je n'ai aucune protestation à recevoir ; présentez-là aux tribunaux compétents.

« M. Juge. — Je ne sais comprendre comment, vous syndic, vous vous refusez à recevoir une protestation signée par trois cents de vos concitoyens.

« Le syndic (*se levant de nouveau impétueusement*). Je m'oppose formellement à cette lecture...

« MM. Carlone et Avigdor. — Mais laissez lire au moins.

« Le Syndic. — Qu'on porte les protestations

devant les tribunaux... Pour moi, je crois que l'intendant a agi selon la plénitude de ses droits...
J'approuve ce qu'il a fait... et je lève la séance ».

*(Le syndic repousse son fauteuil avec vivacité
et abandonne la salle. Les membres du Conseil
qui ont assisté à ce débat, sortent lentement en
échangeant des observations à voix basse).*

N'est-elle pas curieuse, la physionomie de cette
séance ? Elle nous révèle une manifestation de
l'esprit de Nice avant l'annexion.

Alors qu'on nous assure qu'avant 1860, le gouvernement a toujours été en communauté d'esprit
avec la population, qu'il s'est toujours montré le
fidèle exécuteur de ses aspirations, il est intéressant de constater qu'une simple question de
fermeture de cafés, amène la guerre civile. Nous
voyons des mandataires du peuple élever la voix
au sein de l'Assemblée municipale et reprocher
au représentant du gouvernement royal et au
syndic, d'avoir gravement blessé les sentiments
et lésé les intérêts de la population.

Au-dessus de cette question locale planait une
question politique, se faisaient jour des revendications qu'il fallait à tout prix étouffer. La fermeture des cafés n'était que le prétexte choisi
par l'autorité pour annihiler les espérances des

Niçois, anéantir par un coup de force, les impatiences qui venaient de se révéler si manifestement.

Cette lutte se poursuivit, d'ailleurs, devant la justice où furent traduits les propriétaires des établissements réfractaires aux nouveaux règlements.

Le tribunal prononça une sentence qui, en constatant l'abus de pouvoir commis par l'autorité, acquittait purement et simplement les prévenus.

C'était une dure leçon pour l'administration et pour le syndic à qui le Tribunal, dans ses considérants, rappela les droits et les devoirs volontairement méconnus.

L'administration voulut lutter jusqu'au bout. La sentence du tribunal Niçois fut déférée à la Cour de Cassation de Turin qui l'infirma.

Au milieu de cette situation, la police était désorganisée; les vols, les rapines devinrent en peu de temps si nombreux, si audacieux que l'on peut croire qu'il n'y avait plus aucune sécurité à Nice.

La célébration du 3e anniversaire de la Constitution devait amener un peu de calme dans cette situation si tendue.

Victor-Emmanuel jura de se conformer scrupuleusement à cette Constitution, et de l'observer loyalement.

A Nice, la fête fut très brillante, la population trouvant dans l'expansion de ses sentiments une protestation contre les actes accomplis par l'intendant et par le syndic. Au reste, ce n'était là qu'une trêve ; la chambre des députés de Turin voulut porter une main sacrilège sur les franchises dont jouissait Nice comme port-franc. Ce fut le signal de réclamations unanimes ; une grande manifestation populaire fut organisée ; ses délégués furent reçus dans la salle du conseil municipal où, l'un d'eux, M. Avigdor, déjà conseiller, donna lecture d'une adresse à la nation, aux chambres et au roi que nous reproduisons ici :

« En présence du projet de réforme douanière, soumis aux chambres par le gouvernement dans la séance du 14 avril 1851, projet qui attaque les droits et les intérèts de la ville et de la province de Nice ;

« Le peuple de Nice expose :

« Que les franchises commerciales de ce pays résultent, non d'un privilège octroyé, mais du contrat d'union de 1388, par lequel le comté de Nice se donna librement à la maison de Savoie ;

« Que tous les actes émanés de la puissance souveraine, depuis cette époque jusqu'à nos jours, ont respecté ces franchises ;

« Que ces franchises ayant leur origine dans un contrat politique qui ne peut être entamé sans le consentement mutuel des parties contractantes, constituent un droit imprescriptible et sacré ;

« Qu'elles ne sont d'ailleurs qu'une conséquence de la situation topographique et des nécessités premières d'existence de la population du pays, nécessités senties et admises de tout temps ;

« Que les traités de 1815, base du droit européen moderne, n'ont fait que confirmer les contrats anciens, puisque le comté de Nice a été rendu à la maison de Savoie, en vertu de sa possession antérieure ;

« Que le régime constitutionnel, loin de restreindre les libertés, ne doit avoir pour but que d'en favoriser le développement ;

« Que le gouvernement Sarde comprenant cette vérité, et proclamant lui-même le principe du libre échange, donnerait un démenti à sa propre politique, en détruisant ce principe là où il existe ;

« Que déjà les céréales ont été littéralement imposées par un simple manifeste de la chambre des Comptes, en date du 29 mai 1822 ;

« Que le prix du sel a été augmenté pour notre province ;

« Que le gouvernement propose aujourd'hui l'impôt sur les boissons et la suppression des droits différentiels au transit par le col de Tende, suppression qui entraînerait la ruine totale du commerce de Nice avec le Piémont et celle des industries locales, privées de toute voie de communication intérieure ;

« Que d'autre part, il a négligé la province de Nice dans ses traités de commerce, qu'il l'a oubliée dans la répartition des travaux publics, qu'il a déclaré être prêt à l'abandonner au premier bruit de guerre. »

« Par ces motifs :

« Le peuple de Nice rappelle le gouvernement Sarde à la foi des traités.

« Il proteste

« Contre l'impôt du blé et l'impôt du sel déjà établis ;

« Contre le nouveau projet de réforme douanière ;

« Enfin contre tout acte portant atteinte à ses droits et franchises, dont il réclame le rétablissement et la conservation dans toute leur intégrité.

« A défaut. — Le peuple de Nice plaçant le droit au-dessus de la force, serait réduit à considérer le contrat d'annexion comme rompu par le gouvernement lui-même, et à revendiquer son indépendance.

Délibéré et adopté à l'unanimité en assemblée publique à Nice, le 14 mai 1851.

Les Membres,

Signés : Jules Avigdor, Belgrand, Boutau, A. Carlone, J. Gioan, Orselli.

Le document qu'on vient de lire, démontre qu'au travers de réclamations commerciales, le peuple niçois pressentait une autre question fort grave : la revendication d'une nationalité dont il n'avait encore pu perdre le souvenir. Menaces de séparation.

Le séparatisme français date de ce jour, bien différent cependant du séparatisme opposé. Alors que celui-là se montre au grand jour, éclate en des grandes manifestations d'un caractère général, populaire, celui-ci se cache. Alors que celui-là se fait un honneur et une gloire des sentiments qui l'animent pour le bonheur et la prospérité de Nice, celui-ci en est réduit à des raisonnements subtils, où l'ironie cherche à remplacer la vérité, où l'argument de polémique se cache sous des dehors de la vraie logique.

C'étaient de vrais séparatistes que ceux de 1851.

Qui pourrait se défendre de les admirer, eux qui, au grand jour, en plein Conseil municipal, en présence du peuple de Nice, déclarent à haute voix qu'ils sont prêts, si le gouvernement continue à suivre la même ligne de conduite, à considérer le contrat d'annexion comme rompu, et à revendiquer l'indépendance de leur pays ?

Que nous sommes loin des séparatistes ou prétendus tels de notre époque !

Quelle leçon et quel exemple, offre ce manifeste de l'opinion niçoise de 1851, et quels enseignements ne donne-t-il pas, à ceux d'entre vous, Français du nord, qui n'avez jamais connu Nice dans son passé.

Mais reprenons le récit des faits, et voyons la réponse aussi digne que sincère du syndic à la protestation qui venait de lui être présentée :

« La municipalité de Nice, s'écria le premier magistrat, s'unit aux sentiments exprimés dans la protestation qui vient d'être lue, et elle s'y range d'autant plus volontiers, qu'ayant eu à répondre, il n'y a pas longtemps, aux menaces qui ont été faites à nos franchises, elle a adressé au gouvernement des réclamations conformes en tous points à celles que font valoir aujourd'hui les cercles de Nice... (*de toutes parts*) dites le peuple de Nice. (*Le syndic se reprenant*) Le peuple de Nice. Au reste, les cercles sont aussi le peuple tout aussi bien que moi-même. J'accepte la mission que vous me confiez, et je l'accomplirai dans mon double caractère de syndic et de député. Croyez, Messieurs, que je ne négligerai rien de tout ce qui pourra servir à la défense de nos intérêts communs ».

Ce discours fut accueilli par les hourrahs les plus vifs de la population de Nice.

Cet acte fut, d'ailleurs, suivi d'un autre qui, par son caractère et le moment où il se produisit, acquiert une importance grave. Le lendemain de la réunion du Conseil municipal, les couleurs niçoises furent déployées au balcon de l'Hôtel de ville, et y restèrent deux jours entiers.

Par cet acte, Nice semblait revendiquer nette-

ment son indépendance, et l'intendant général le
jugea ainsi, car il crut utile d'en référer immédiatement à Turin.

Cette attitude de résistance se prolongea les
jours suivants, et une nouvelle délibération du
Conseil municipal intervint pour confirmer et
accentuer les résolutions précédemment prises.
Comme toujours, le peuple invoquait le contrat
de cession, affirmant qu'il n'avait jamais vu dans
cet acte qu'un contrat mutuel dont aucune clause
ne pouvait être rompue sans le consentement des
deux parties contractantes.

Mais le gouvernement de Turin ne voulut pas
céder. Pour première réponse, il demanda la
révocation du lieutenant-juge de Nice, M. l'avocat Gioan, par une lettre adressée au juge ainsi
conçue :

« Monsieur,

« L'avocat Gioan, votre lieutenant-juge, ayant
gravement manqué à ses devoirs par la conduite
qu'il a tenue publiquement dans les faits récents
et regrettables qui se sont passés dans votre
ville, vous comprendrez la nécessité de le révo-
quer immédiatement, afin qu'on ne voie pas ulté-
rieurement siéger sur un tribunal celui qui a
si ouvertement méconnu l'autorité des lois.

« Il n'est pas nécessaire de vous signaler les conséquences auxquelles vous vous exposeriez dans le cas où vous ne prendriez pas promptement une mesure, aussi juste qu'elle est indispensable à la conservation du respect que tout fonctionnaire doit aux lois ».

Signé : GALVAGNO, ministre.

Des mesures plus graves allaient être prises. MM. Avigdor et Carlone se voient retirer l'*exéquatur* qui leur avait été accordée comme représentants de puissances étrangères. Ces deux conseillers et les co-signataires de la protestation en question, sont l'objet d'un mandat d'arrêt, auquel M. Carlone seul put échapper par la fuite. Un décret d'accusation est immédiatement dirigé contre eux pour attentat ayant comme but « de changer et détruire la forme du gouvernement » pour excitation à la révolte, au mépris et au mécontentement envers le gouvernement du roi.

L'arrestation de ces citoyens, une fois connue, l'indignation populaire ne connut plus de bornes, et lorsque M. Avigdor parut, escorté des gardes qui l'avaient arrêté, les cris de menaces retentirent de tous côtés, en même temps que le peuple entier entonnait la *Marseillaise* et le *Chant des Girondins*. La prison où est conduit M. Avigdor

est entourée par de nombreux groupes qui viennent réclamer la liberté du prisonnier. Celui-ci, à
travers les barreaux de sa cellule, exhorte ses
concitoyens au calme, et leur recommande de se
disperser pour ne pas fournir l'occasion de désordres plus graves.

On applaudit chaleureusement ses paroles, et
bientôt les rassemblements se dissipent.

Le lendemain, le Conseil municipal se réunit
de nouveau. Malgré les promesses de l'intendant général, présent à la séance et qui avait eu
la précaution de déclarer à l'avance, qu'il n'était
pour rien dans les arrestations ordonnées, l'assemblée persiste dans ses réclamations antérieu-
res. L'un des conseillers, M. Juge, déclare qu'il
proteste contre les arrestations qui ont eu lieu,
qu'il approuve dans la forme comme dans le fond,
la protestation du peuple, et qu'il est prêt à en
assumer toute la responsabilité.

Malgré les promesses de l'intendant, le gouvernement persistait dans son attitude de lutte,
et la *Gazette officielle piémontaise* résuma, en
quelques mots, la ligne de conduite à suivre :

« Nous devons nous lamenter, disait la *Gazette,*
d'un très grave scandale donné par quelques citoyens de Nice-Maritime, lesquels dans une

réunion, ont dirigé une protestation menaçante contre les pouvoirs constitutionnels de l'État, dans le cas où les nouvelles lois qui vont être discutées, viendraient à amoindrir les antiques privilèges de cette province. Nous ne doutons pas que le Parlement, en ne s'émouvant pas des menaces qui ont été désapprouvées par la majorité des citoyens, n'en fasse sentir les tristes effets sur les coupables, et nous sommes certains que le gouvernement, quand le besoin en sera, prendra des mesures énergiques en vue du respect des lois ».

Les rédacteurs de l'*Avenir de Nice* furent successivement expulsés ; M. Avigdor, après quelques jours de détention, était remis en liberté. Reconnu en sortant de la prison, il fut reconduit triomphalement aux accents de la *Marseillaise* et du *Chant du Départ*.

Quelques jours plus tard, le Conseil municipal se réunissait de nouveau pour rédiger une nouvelle protestation au gouvernement, contre la manière dont on avait cru devoir procéder à l'arrestation de M. Avigdor.

Du procès-verbal de cette longue séance, il nous suffira de citer quelques extraits.

L'opinion générale du Conseil se trouve, d'ailleurs, résumée dans la proposition de **M.** Montolivo ainsi conçue :

« LE CONSEIL :

« Considérant que le mandat d'arrêt lancé contre **MM.** les conseillers Avigdor et Carlone pour cause de leur souscription jointe à celle d'autres personnes, apposée à la protestation contre l'abolition du port franc de cette ville, a été exécuté contre le premier et tenté contre le second, dans le vestibule et dans l'escalier du palais municipal ;

« Qu'en outre, c'était pendant que le Conseil se trouvait réuni, et que ces Messieurs étaient dans l'exercice de leurs fonctions, et que les circonstances qui s'y rattachent ne faisaient aucun doute sur l'offense portée à la dignité du Conseil ;

« Que dès lors, il est urgent de pourvoir convenablement à la réparation d'un tel outrage ;

« Délibère ce qui suit :

« Le syndic est chargé de transmettre la présente délibération au ministre de l'intérieur, en lui représentant l'offense grave portée à la dignité du Conseil, et d'insister auprès de lui pour obtenir une juste réparation ».

Un autre conseiller, M. Bunico, avait présenté un amendement dans le même sens :

« Je dois faire observer, dit-il, que les mandats d'arrêt ont été mis à exécution au moment où la place était pleine de monde, et que les agents du gouvernement qui y ont été employés sont allés jusqu'à bloquer l'Hôtel de ville.

« Je déclare que le choix de l'heure, la circonstance et le blocus des portes constituent une offense à la dignité du Conseil. Que pouvait-on faire de plus ? L'autorité a eu recours à tous les moyens qui pouvaient donner à l'arrestation un caractère irritant et ravaler le Conseil aux yeux de la population. Dès lors, j'appuie la proposition Montolivo, parce qu'aujourd'hui il s'est écoulé assez de temps pour que les esprits se soient calmés, et pour qu'on ne nous accuse point d'avoir pris une délibération *ab irato* ; à cet égard, je me félicite de ce qu'il n'y ait pas eu de délibération prise dans la séance du 20 mai.

« Il faut que le gouvernement sache que le Conseil reste sous le coup de la même indignation. Les tribunaux ont prononcé sur la culpabilité des prévenus, c'est à nous, aujourd'hui, de prononcer sur l'atteinte à notre dignité. En outre, j'entends dire que la chambre des députés

n'a tenu aucun compte des représentations faites
par la province de Nice ; ses droits ont été violés,
et je déclare qu'à mon avis, le gouvernement
entre dans une voie injuste, imprudente et impo-
litique. L'adoption de la proposition Montolivo
tendra implicitement à montrer au gouvernement
*que nous adhérons à ce qui a été fait pour l'in-
vocation de nos droits et que nous nous ressen-
tons de ce qu'un des pouvoirs de l'Etat a fait
contre eux* ».

La proposition Montolivo, avec l'amendement
proposé par M. Bunico, fut adoptée par 19 voix
contre 8 et une abstention sur 28 votants. (M.
Carlone s'étant déclaré trop intéressé dans la
question pour pouvoir prendre part au vote).

Il était difficile de faire une plus fière réponse
aux menaces gouvernementales. Le Conseil municipal venait, par un tel vote, de se rendre soli-
daire des citoyens sur lesquels la *Gazette Officielle du Piémont* avait, quelques jours auparavant, appelé les sévérités de l'autorité supérieure.

Abolition du port franc de Nice. Cependant le gouvernement alla jusqu'au bout ;
le projet de loi supprimant la franchise du port
de Nice successivement adopté par la chambre
des députés et par le Sénat fut promulgué par

une loi, en juillet 1851. Le port franc de Nice avait vécu.

Un des premiers effets de la nouvelle loi fut de favoriser plus que jamais la contrebande.

Une rencontre terrible eut lieu entre des paysans de la vallée du Var et les douaniers. Après une lutte acharnée, six des premiers furent tués. C'est dire à quel point en étaient arrivées les choses ; nous pouvons par là, juger clairement de la situation économique du comté à cette époque.

Le 31 décembre 1853, expirèrent les franchises du port de Nice, et Toselli put s'écrier :

« Ainsi, il sera dit dans l'histoire de ce temps, que sous le ministère Cavour, l'apôtre du libre-échange en Piémont, le système du libre-échange fut détruit dans le seul pays des Etats sardes où il existait. Il sera dit que ce ministre consentit, malgré sa conscience et ses convictions, à porter ce coup fatal à notre pauvre pays, à donner cette satisfaction à des haines et à des intérêts sordides de clocher, et que le ministre économiste et le Parlement constitutionnel eurent moins de cœur et d'intelligence, en pareille matière, que n'en avaient eu les ministres de la vieille monarchie féodale. C'est incroyable, mais cela est.

« Les idées du ministre Cavour, sur Nice, ne se bornaient heureusement pas là ; poursuivons notre étude, et nous les verrons se développer ».

Les rapports entre les autorités, le peuple de Nice et le gouvernement central, se modifiaient peu à peu, sous l'influence des visites que firent à Nice et dans le comté, d'abord le roi Victor-Emmanuel, ensuite ses deux fils, Humbert et Amédée. Ils furent reçus de la façon la plus cordiale ; le peuple Niçois ne sachant jamais (et c'est là une constatation qu'il est très facile de faire, en étudiant d'un peu près l'histoire de ce pays) garder la moindre rancune.

Nous approchons de l'époque qui, dans l'histoire des gouvernements successifs de Nice, marque l'étape finale.

Le Piémont, impatient de conquérir son unité, attendait le moment où il pourrait arracher à l'Autriche les provinces que celle-ci tenait sous son joug. La guerre allait éclater.

Napoléon III qui n'avait jamais caché les sympathies que lui inspirait l'entreprise de Victor-Emmanuel, donna à ce souverain l'assurance la plus formelle de son appui moral, et du concours de ses armées.

L'événement ne tarda pas à suivre la promesse elle-même, et ce fut sans étonnement, mais non sans enthousiasme, que la garde nationale de Nice prit connaissance de l'ordre du jour que lui adressa son colonel. Ce document qui fut affiché le 12 mai 1859, était ainsi conçu :

« La cavalerie de la garde impériale sera bientôt de passage parmi nous. L'allié généreux de notre magnanime prince, le puissant empereur des Français, l'envoie combattre pour notre indépendance nationale, à côté de nos braves soldats qui ont déjà partagé avec eux la gloire et les périls de la Crimée.

« C'est pour vous un devoir de reconnaissance, de fêter les hôtes qui viennent nous prêter leur concours efficace, dans la grande entreprise.

« A cette fin, le jour de leur arrivée n'étant pas indiqué, je vous invite à vous tenir prêts à accourir sous vos drapeaux, dès que les tambours de vos compagnies respectives battront le rappel.

« Les compagnies se réuniront aux lieux accoutumés ; la compagnie d'artillerie sera en tenue de parade. Dans les autres, le képi d'uniforme sera non moins de rigueur pour ceux à qui le défaut de temps ne permettrait pas de se préparer en uniforme.

« Les majors auront soin de réunir les compagnies, d'abord en bataillons, pour les mener ensuite rendre les honneurs militaires à leurs valeureux alliés aux cris de :

« Vive le Roi ! Vive l'Empereur !

« Vive la France ! Vive l'Italie ! »

La proclamation que le syndic adressa à la population accentuait encore la sincérité de ces démonstrations :

« Concitoyens,

« Ces fiers et brillants cavaliers que vous allez admirer sont les enfants de la France, ce sont les soldats de Napoléon III qui a juré de rendre l'Italie libre jusqu'à l'Adriatique, et qui, pour accomplir cette promesse, est venu lui-même à la tête de sa formidable armée, combattre à côté de notre bien-aimé souverain Victor-Emmanuel II ; ce sont les héritiers de cette vieille garde qui fut et restera le modèle de la fidélité, de l'héroïsme et des plus brillantes vertus militaires.

« Nous sommes les enfants d'une terre qui semble placée entre les Alpes et la mer pour servir de trait d'union entre la France et l'Italie ; d'une terre qui, à la fidélité la plus constante et la plus inaltérable envers la glorieuse dynastie dé Savoie, a su dans tous les temps, joindre les sentiments de la plus vive sympathie envers la France !

« Niçois, soyons dignes de nos hôtes ! Soyons dignes de nous-mêmes ».

Et cet enthousiasme se traduisit par des actes, lorsque les régiments français se rendant en Italie, se succédèrent à Nice. Ce furent d'abord les cavaliers de la garde et les chasseurs dont l'arrivée fut saluée des vivats frénétiques de toute la population. On couvrit de fleurs ces braves soldats allant combattre l'ennemi du roi Victor-Emmanuel.

Puis, ce furent les guides, les dragons de l'impératrice, pour lesquels la réception fut, si c'était possible, plus chaleureuse encore.

Nous ne saurions mieux faire, pour décrire ce qui se passa alors à Nice, que d'emprunter quelques extraits d'une brochure qui fut alors publiée sous le titre de : « *Huit jours d'enthousiasme à Nice* ».

L'auteur, un français, dit-on, commence, il est vrai, par une erreur historique, sur laquelle nous n'insisterons pas, étant donné son intention probable de ne pas faire entendre une voix discor-

Huit jours d'enthousiasme à Nice.

dante dans ce concert mutuel entre la France et l'Italie.

. . . .

« Nice, dit-il, est une ville italienne. Nice sert de trait d'union entre la France et l'Italie, comme a fort bien dit le syndic de cette ville (1) ; ses plus grandes communications ont lieu avec la France, empire auquel elle a longtemps appartenu.

« A Nice, on parle français ; un quart de la population est française. Pour tous, horreur de l'Autriche, amour du roi, haine de la douane. Pour les uns, recevoir des frères, pour les autres, des libérateurs !

. . . .

« L'enthousiasme se gagne, c'est vrai, on y met de l'orgueil, c'est possible. Chacun veut surpasser son voisin, noble et touchante émulation. Quoiqu'il en soit, voilà les causes.

« Cependant, tous ces motifs réunis ne m'expliquent qu'imparfaitement ce que j'ai vu et

(1) M. Malausséna, syndic, auquel fait allusion l'auteur de la brochure, s'était contenté de dire que Nice était le trait d'union entre la France et l'Italie, mais n'avait pas dit que Nice fut une ville italienne.

entendu. Vous qui n'avez pas été spectateur, voici les faits :

« Le vrai peut quelquefois n'être pas vraisemblable ».

L'auteur fait alors le récit détaillé de l'entrée des régiments français dans Nice.

Il continue ainsi :

« Si ce n'était pas sublime, ce serait ridicule. Les cavaliers sont chargés de fleurs, les casques disparaissent sous les couronnes, les mains sont pleines de bouquets. Du colonel au simple soldat, du brillant officier au cavalier démonté, poudreux, en simple pantalon de treillis, du fourgon à la sémillante vivandière, à la lourde charrette qui porte les bagages ; du premier au dernier, tout est couvert de fleurs, de palmes, de branches, de myrthe et d'oranger. Il n'y a que Nice assez riche pour faire une pareille dépense en fleurs. Si le motif n'était pas saint, je le répète, si l'enthousiasme ne transformait pas tout, le spectacle serait carnavalesque. Des gamins, pêle-mêle avec les soldats, portant des casques plus pesants qu'eux, des sabres plus longs qu'eux. Des roses jonchant le pavé, des cris à dominer la voix du canon, des drapeaux, une ivresse indescriptible.

« Il n'y a plus de fleurs, la nuit en fait éclore, le lendemain, les vivats redoublent, le délire va en croissant, les derniers seront les premiers. Les bouquets prennent chaque jour de plus grandes proportions ; on se fait à jeter des fleurs ; à crier : Vivent les Français !

« De nouvelles buvettes se forment ; chaque quartier veut avoir la sienne ; les grandes dames vont attendre les régiments dans des voitures pleines de bouquets, de fruits et de cigares. Les femmes du peuple lavent et raccommodent le linge du soldat. Les jeunes filles dansent avec lui. Le paysan vient de la campagne plein de fleurs qui se déchargent en bravos.

. . . . , ...

« La mère Jacquonne n'a certainement pas lu la proclamation de M. le syndic, elle ne sait pas lire. Cependant, dès le premier jour, elle est à son banc, au milieu de la foule, dans l'attente. Elle a mis sa belle robe du dimanche, sa boutique est ornée de fleurs, elle attend aussi. Les chasseurs arrivent, elle les couvre de roses, elle crie : Vive les Français ! Après les fleurs, Jacquonne jette les fruits, ses oranges, ses cerises, etc... Elle n'a plus rien, elle se contente de crier, d'élever ses bras, d'agiter son mouchoir. Pauvres enfants, dit-elle, qu'ils doivent être fatigués, ils vont se battre : Mort aux Autrichiens ! Vivent les Français !

. . . .

« Jacquonne a dépensé, dans les huit jours, au moins deux cents francs. Deux cents francs ! Quelle somme ! Je le répète, il n'y a que la pauvreté qui puisse se procurer de pareilles joies, en mangeant ainsi toute sa fortune, pour satisfaire une passion, sans paraître extravagante.

« Voilà l'histoire du peuple de Nice ; plus ou moins, chacun a versé sa part de fortune et d'enthousiasme pendant cette grande semaine qui, pour Nice, sera longtemps un titre de gloire, un doux souvenir ».

Ce tableau aussi vivant que poétique de l'accueil fait aux soldats français par tous les représentants de la population niçoise, nous montre combien la France était toujours aimée. Et même, si l'on fait la part de l'enthousiasme qu'a dû exciter l'arrivée de notre armée, il n'en reste pas moins acquis, que ces démonstrations n'étaient aussi sincères, que parce qu'avant tout, elles s'adressaient à un nom bien cher à tous les Niçois : à la France.

Cette impression se retrouva dans la proclamation que M. le syndic, Maulaussena, adressait aux Niçois :

« L'enthousiasme toujours croissant et les ovations toujours plus chaleureuses avec lesquelles ont été reçus les six régiments de la garde impériale, les preuves d'affection et de sympathie que vous avez données à vos hôtes, ont vivement ému ces valeureux soldats, et excité l'admiration de tous les étrangers qui en ont été les témoins ; elles trouveront en France et en Italie un écho bien longtemps après nous.

« Au nom des chefs de tous les corps, au nom de toutes les autorités, au nom du Consul de France, au nom de la municipalité, recevez les plus vifs et les plus sincères remerciements. Dans le livre, où jour par jour, sont consignés les fastes de chaque régiment de la garde impériale, vous avez écrit une page que le temps n'effacera pas, et qui vous assure l'amitié et la reconnaissance de la première armée du monde. Les sentiments de fraternité et de solidarité qui animent et réunissent tous les corps de l'armée française vous en sont garants.

« Le 2e régiment de cuirassiers vous en a donné un témoignage significatif et précieux, en laissant pour les pauvres les rations du jour qu'il a passé au milieu de nous.

« Niçois, soyons-en fiers ! Vous avez été dignes de vos hôtes ! vous avez été dignes de vous-mêmes ».

Les troupes françaises, dès leur arrivée en Italie, y avaient retrouvé les mêmes lauriers que leurs compagnons de l'armée de Napoléon Ier y avaient autrefois récoltés.

Successivement, à Magenta, à Peschiera, à San Martino, l'ennemi est obligé de reculer pas à pas, devant les troupes franco-sardes ; les victoires succèdent aux victoires.

L'empereur d'Autriche est bientôt forcé de céder ; il demande à Napoléon un traité de paix dont les premières bases sont jetées le 11 août 1859, à Villafranca.

La paix devenait définitive quelques jours plus tard, et les troupes françaises repassaient de nouveau à Nice, moins nombreuses (les campagnes de la Haute-Italie avaient gardé un grand nombre de cadavres) mais toujours aussi fières, toujours aussi acclamées.

A chaque régiment, la ville entière fit une ovation triomphale. Un drapeau fut remis au général chef de la cavalerie, par le commandant de la garde nationale, qui prononça, en remettant cet emblème, ces paroles émues :

« GÉNÉRAL,

« La légion que j'ai l'honneur de commander et qui a voulu fêter votre heureux retour, me charge de vous offrir ce drapeau qui est le symbôle de notre indépendance nationale.

« Veuillez l'agréer, Général, comme un faible gage de notre parfaite reconnaissance, et en souvenir des victoires éclatantes que vous venez de remporter, et qui rendront plus illustre encore le nom de la France.

« Que ce drapeau, Général, vous rappelle aussi le roi Victor-Emmanuel qui a su, avec autant de courage que de loyauté, le conserver glorieux et sans tache en face du plus puissant despotisme.

« Général ! nous faisons des vœux ardents pour que ce drapeau soit à jamais inséparable du drapeau français ; c'est assez vous dire que l'Italie est prête à faire pour la France ce que la France a fait pour l'Italie !

« Vive l'auguste chef de l'armée française !
Vivent les braves lanciers ! »

Ce drapeau portait l'inscription suivante : *La
garde nationale aux vainqueurs de Solférino.*

La même joie fut partagée par la classe populaire ; les dames de la Halle offrirent un banquet
à 150 soldats du 7e lanciers. D'autres banquets
furent également offerts par les corporations ouvrières aux soldats des régiments qui vinrent à
passer les jours suivants.

En somme, les soldats français reçurent à leur
retour d'Italie de la part des Niçois, les mêmes
marques de sympathie et d'amitié qui les avaient
accueillis, quelque temps auparavant, lors de
leur premier passage.

Un français
qui n'aime
pas... la
France.

Le Français qui avait écrit les *Huit jours d'enthousiasme à Nice,* crut bon de publier également ses impressions sur le retour des troupes
françaises. Mais le narrateur devient alors polé-
miste, et proteste contre les idées qu'avait suggé-
rées au journal niçois *l'Avenir,* l'enthousiasme
des habitants. Il déplore que *l'Avenir* ait écrit
cette phrase : « Décidément on ne peut plus en
douter... on fait les choses à Nice avec plus d'esprit qu'en Savoie ».

« Ces mots, ajoute-t-il, ont besoin d'explication pour être compris.

« Voici donc ce que veut dire cette phrase faisant allusion aux pétitions qui se signent en Savoie, pour demander l'annexion de ce pays à la France et aux fêtes qui se donnaient ces jours derniers à Nice pour le passage des troupes françaises. ·

« Les mots de ce journal, qui prend ses désirs pour des réalités, veulent dire : les Savoyards ont pétitionné pour demander leur annexion à la France ; les Niçois fêtent les soldats français dans le même but ; c'est plus adroit et non moins explicite ».

Et ce français qui garde heureusement l'anonyme, tout en faisant ostentation de sa nationalité que nous croyons plus anonyme encore, proteste d'une façon dithyrambique contre les tendances exposées par le journal niçois.

N'insistons pas sur le caractère de cette polémique qui, venant d'un français, pourrait nous choquer, mais qui, n'émanant pas assurément d'un Niçois, nous paraît avoir peu d'importance. Ceci est le commentaire le plus intéressant que nous puissions en faire.

Quoiqu'en dise l'auteur des *Huit jours d'enthousiasme à Nice,* les idées de rétrocession du comté et de la Savoie à la France se firent sentir avec plus de force encore, lorsqu'on fut débarrassé de toutes les questions extérieures déterminées par la guerre contre l'Autriche.

La paix avec cette puissance était définitivement conclue. Le Piémont avait reçu la Lombardie et le grand duché de Toscane.

CHAPITRE VII

—

NICE ET L'ANNEXION

—

C'est alors que, d'un commun accord, l'empereur Napoléon III et le roi Victor-Emmanuel décidèrent de soumettre la question de la rétrocession de Nice et de la Savoie à la France, au vote des peuples de ces deux pays.

Victor-Emmanuel porta cette décision à la connaissance des Niçois, par la proclamation suivante :

« Quelque pénible qu'il me soit de me séparer des provinces qui ont fait si longtemps partie des États de mes ancêtres, et auxquelles tant de beaux souvenirs me rattachent, j'ai dû considérer que les changements amenés par la guerre en Italie, justifiaient la demande que mon auguste allié, l'empereur Napoléon, m'a adressée pour obtenir cette réunion. J'ai dû, en outre, tenir compte des services immenses que la France a rendus à l'Italie, des sacrifices qu'elle a faits, dans l'intérêt de son indépendance, des liens que les batailles et les traités ont formés entre les deux pays.

« Je ne pouvais méconnaître d'ailleurs que le développement du commerce, la rapidité et la facilité des communications, augmentent chaque jour davantage l'importance et le nombre des rapports de la Savoie et de Nice avec la France.

« Je n'ai pu oublier enfin que de grandes affinités de race, de langage et de mœurs, rendent ces rapports de plus en plus intimes et naturels ».

Cette proclamation du 3 avril 1860, avait été précédée du traité préliminaire signé entre les souverains de France et du Piémont.

Ce protocole provisoire spécifiait :

« Que Sa Majesté le roi de Sardaigne consentait à l'union de la Savoie et de l'arrondissement de Nice à la France, et renonçait pour lui et ses successeurs, en faveur de Sa Majesté l'empereur des Français, à ses droits et titres sur les dits territoires.

« Qu'il était entendu entre leurs Majestés que cette réunion serait effectuée sans aucune violation de la volonté des populations, et que les deux gouvernements aviseraient d'un commun accord, le plus tôt possible, aux meilleurs moyens d'apprécier et de constater les manifestations de cette volonté ».

Le peuple allait se prononcer. Dans une proclamation aussi digne que sincèrement patriotique, le syndic de Nice appela ses concitoyens à accomplir l'acte duquel allait dépendre l'avenir de leur pays :

« CONCITOYENS !

« Vous êtes appelés à accomplir un acte qui marquera dans vos annales une époque mémorable.

« Les 15 et 16 de ce mois, les urnes du suffrage universel s'ouvriront pour constater votre volonté sur l'annexion à la France.

« Dans un moment aussi solennel, la voix de votre premier magistrat municipal ne peut pas rester silencieuse ; il est de son devoir et de son honneur de vous déclarer franchement, ouvertement, la voie que sa conscience et l'intérêt public lui commandent.

« Les devoirs que lui imposaient son histoire
et les traditions de la vieille fidélité, Nice les a
noblement remplis.

« En présence du traité du 24 mars, en présence de la proclamation de S. M. notre roi bien-
aimé, du 1ᵉʳ avril, tous ceux qui aiment véritablement leur pays, tous ceux qui sont sincèrement dévoués au roi et à la cause italienne, ne
peuvent avoir qu'une seule pensée, qu'un seul
but : c'est que la volonté des deux souverains
acceptée par le libre consentement du peuple, ne
rencontre ni difficulté, ni obstacle ; c'est que sa
franche et loyale exécution resserre d'une manière indissoluble les liens de l'alliance des deux
grandes nations, sur laquelle reposent l'avenir et
les espérances de l'Italie.

« Serrons-nous donc autour des urnes avec
calme et dignité ; soyons unis dans un même
esprit de patriotisme éclairé et conciliant ; que
rien n'arrête la libre expansion de nos vœux,
mais que chacun de nous en déposant son vote,
songe à ce qu'il doit à son pays, à la France, à
l'empereur.

« Vive la France ! Vive l'empereur ! »

Une brochure publiée en 1871, sous le titre

de *Nice et la France* (1) dans un esprit qui honore grandement ses auteurs, et dont nous nous sommes inspiré, reproduit une adresse que l'ordre des avocats de Nice envoya à l'empereur le jour même du vote. Cette adresse était ainsi rédigée :

« Sire,

« La sympathie enthousiaste qui a gagné toutes les classes de la population niçoise, à l'annonce de sa réunion à la France, a été plus vivement sentie par celle qui s'est vouée à l'étude des lois.

« Les membres du barreau de cette ville, soussignés, sont fiers d'appartenir à la grande nation qui a donné à toutes les autres la législation moderne ; ils sont orgueilleux d'être sous le sceptre de celui qui, par sa sagesse politique et le génie militaire, perpétue la gloire du plus grand capitaine et du Justinien de ce siècle.

« C'est à votre sagesse, Sire, et au généreux concours de vos armes que l'Italie, dont les destinées nous seront toujours profondément à cœur, devra sa liberté et son entière indépendance,

(1) *Nice et la France.* (Histoire de dix ans 1860-70). Etude sur les séparatistes et la question niçoise. (Imp. V.-E. Gauthier à Nice, 1871).

comme notre pays lui-même doit le suprême bonheur de retourner au sein de la mère-patrie ».

Cette adresse revêtue de la signature de presque tous les avocats de Nice, doit à l'autorité même dont elle émane un intérêt qui ne peut échapper. Ces hommes qui, plus que tous autres, devaient connaître l'histoire de leur pays, déclarent qu'ils voient avec bonheur le moment où Nice retournera au sein de la mère-patrie.

Et cette constatation pour être faite ne nécessita pas de longues conférences ; elle fut l'émanation spontanée d'un sentiment qui ne paraissait pas discutable, même à ceux qui voyaient, non sans peine, s'accomplir un acte, ne répondant pas à leurs aspirations.

Vote unanime du comté de Nice en faveur de l'annexion. Le vote eût lieu les 15 et 16 avril ; il donna les résultats suivants :

Inscrits	*30.712*
Votants	*25.933*
Oui	*25.743*
Non	*160*
Nuls	*30*

Pour Nice, les votes se répartissaient comme suit :

Inscrits 7.918
Votants 6.846
Oui 6.810
Non 11
Nuls 25

Dans les communes ci-après le vote fut unanime en faveur de l'annexion ; il n'y eût ni *non*, ni bulletin *nul*. Ce sont, pour l'arrondissement de Nice, les communes de :

Belvédère, Berre, la Bollène, Bonson, la Brigue, Châteauneuf-de-Contes, Coaraze, Contes, Drap, Duranus, Eze, Falicon, Lantosque, Levens, Lucéram, Moulinet, Peille, Peillon, Roquebillière, Roquebrune, la Roquette-sur-Var, Saint-André, Saint-Blaise, Saint-Martin-Lantosque, Saorge, Touët-Escarène, Tourette-Levens, Trinité-Victor, la Turbie, Utelle, Venanson, Villefranche.

Pour l'arrondissement de Puget-Théniers :

Ascros, Auvare, Bairols, Beuil, Bonson, Châteauneuf-d'Entraunes, Clans, Cuébris, Daluis, Entraunes, Gilette, Guillaume, Lieusola (Isola), La Croix, la Penne, la Tour, Lieuche, Malaussène, Marie, Massoins, Péone, Pierlas, Pierrefeu, Puget-Rostang, Puget-Théniers, Rigaud, Rimplas, Roubion, Roquesteron, Roure, St-Antonin,

St-Dalmas-le-Selvage, St-Etienne, St-Léger, St-Martin-d'Entraunes, St-Sauveur, Sauze, Sigale, Thiery, Toudon, Touët-de-Beuil, Tournefort, Tourrette-Revest, Valdeblore, Villeneuve-d'Entraunes, Villars et Ilonse.

Dans dix communes il y eût enfin quelques *non*; nous en donnons ci-après le détail, en regard des *oui*.

	Inscrits	Votants	Oui	Non
Castellar..	*219*	*137*	*79*	*58*
Menton....	*910*	*695*	*639*	*54*
Gorbio	*171*	*85*	*59*	*26*
Nice	*7.918*	*6.846*	*6.810*	*11*
Ste-Agnès.	*176*	*96*	*91*	*5*
Sospel	*940*	*868*	*864*	*2*
Breil......	*841*	*557*	*556*	*1*
Castillon ..	*100*	*73*	*72*	*1*
Escarène..	*463*	*423*	*424*	*1*
Tende.....	*676*	*388*	*387*	*1*

En résumé, sur 89 communes consultées, 79 ne donnèrent pas une voix contre l'annexion ; dans dix communes seulement il n'y eût que quelques *non*.

De l'examen statistique qu'on vient de lire, peut ressortir une constatation très intéressante ; c'est que ce fut seulement sur l'extrême frontière qu'il y eût quelques opposants. Il nous faut également insister sur deux particularités de ce vote ; la première est le petit nombre de *non* qui, à Nice, furent déposés dans l'urne, la seconde est que deux bourgs laissés à l'Italie par le traité définitif d'annexion, se prononcèrent, à l'unanimité des suffrages exprimés moins un, en faveur de la France : la Brigue, où sur 323 votants il y eût 323 *oui,* et Tende, où sur 388 votants, il n'y eût qu'un seul *non.*

Le vote revêtit un caractère tellement unanime, qu'il n'y eût presque personne pour en attaquer la sincérité. Aujourd'hui, que trente années ont paru à quelques-uns suffisantes pour faire oublier cette époque, des doutes ont été soulevés et on n'a pas manqué de prononcer timidement les mots de pression officielle, de marchandages, etc.

De telles allégations témoignent, ou ignorance ou intérêt de la part de leurs auteurs. Il suffira de leur rappeler qu'au moment où le vote eût lieu, les fonctionnaires du comté de Nice étaient encore des fonctionnaires piémontais, et que la plupart d'entre eux, l'annexion une fois accomplie, restèrent les sujets du roi Victor-Emmanuel. Ce point d'histoire à part, avouons qu'il serait même très difficile de nous persuader que dans

89 communes le vote ait pu être fraudé. L'argument invoqué aujourd'hui n'a donc aucune valeur.

Le Conseil municipal de Nice, le vote connu, envoya à Napoléon III l'adresse que voici :

« SIRE,

« Les habitants de Nice ont exprimé eux-mêmes leur volonté. A l'appel qui leur a été fait, 6810 voix sur 6846 votants ont librement répondu : *Oui nous voulons être Français.*

« La voix du roi, rappelant aux Niçois les affinités de race, de langage et de mœurs qui les unissaient à la France, et donnant libre essor à leurs anciennes et profondes sympathies pour cette grande et vaillante nation, avait préparé cette éclatante et solennelle manifestation.

« L'écho que la parole du roi a trouvé dans les cœurs les plus fidèles et les plus dévoués à sa dynastie, a montré que les sentiments et les tendances de la population étaient d'accord avec la volonté des deux souverains et avec les intérêts des deux nations.

« Roi et peuple ayant parlé, le conseil municipal de Nice, au nom d'une ville qui, depuis des siècles, porte avec honneur le titre de *ville très fidèle*, vient déposer aux pieds du trône de Votre Majesté l'hommage de son dévouement et de sa fidélité.

« Daignez l'accepter, Sire ; cinq siècles d'histoire vous en garantissent la sincérité et l'inviolabilité.

« Nice sera pour votre Majesté et ses successeurs ce qu'elle a été pour le roi Victor-Emmanuel et ses ancêtres : toujours fidèle et toujours dévouée.

« Venez Sire, consacrer par la présence de votre auguste personne, cette pacifique conquête.

« Votre Majesté trouvera, sur notre rivage, des traces glorieuses du grand fondateur de sa dynastie qui, en 1776, prit à Nice le commandement de l'immortelle armée d'Italie, et lui fit plus tard l'honneur de la ranger au nombre des bonnes villes de l'Empire.

« Que Nice puisse voir son nouveau Souverain, qu'elle puisse le voir entouré de S. M. l'Impératrice et du prince Impérial et, par l'explosion de son enthousiasme, elle saura enchaîner leur noble cœur à ce pays favorisé par la nature, et si digne de la sollicitude et des bienfaits d'un prince puissant et généreux.

« Vive l'Empereur !

« Vive l'Impératrice !

« Vive le Prince Impérial !

« Signé : le syndic et les membres du conseil municipal au nombre de 24 ».

Pour ne pas interrompre le récit des événements qui s'étaient passés à Nice, avant le vote des 15 et 16 avril, nous avons dû passer sous silence les curieuses discussions auxquelles avait donné lieu, devant le parlement piémontais, la question de l'annexion de la Savoie et du comté de Nice. Nous croyons utile d'y revenir en ce moment, et de nous étendre même longuement sur les particularités qui les signalèrent. Les déductions qui en découlent fourniront à l'œuvre de vérité que nous avons entreprise, des arguments qui ne peuvent être récusés.

Discussion de l'annexion à la Chambre italienne. Ce fut d'abord la discussion à la chambre des députés de Turin, le 12 avril 1860, et au cours de laquelle le général Garibaldi, député de Nice, combattit le projet du gouvernement. Voici le discours qu'il prononça en cette occasion :

« MESSIEURS,

« Dans l'article 5 du Statut, il est dit : les traités qui entraîneraient une modification du territoire de l'État, n'auront pas leur effet avant d'avoir obtenu l'assentiment du Parlement.

« En conséquence de cet article de loi fondamentale, s'il y a un commencement d'exécution donné à quelque diminution de l'État, avant que cette diminution soit sanctionnée par la chambre, il sera contraire au Statut. Si une partie de l'État vote pour la séparation, avant que la chambre ait décidé si cette séparation doit avoir lieu, avant même qu'elle ait décidé si on doit voter, et comment l'on doit voter pour le commencement d'exécution de la séparation, il y a là un acte inconstitutionnel.

« Telle est, Messieurs, au point de vue constitutionnel, la question de Nice. Je la soumets aux intelligentes appréciations de la chambre.

« Maintenant, je dirai quelques mots au sujet de la question de mon pays considérée sous le rapport politique.

« Les Niçois, après leur soumission en 1388 à la maison de Savoie, stipulèrent, le 13 novembre 1391, que le comte de Savoie ne pouvait aliéner la ville en faveur d'un prince quel qu'il fut, et que s'il le faisait, les habitants auraient le droit de résister les armes à la main, et de prendre un autre souverain de leur choix, sans se rendre coupables de rebellion.

« Donc, en 1388, Nice se donna à la dynastie Savoisienne, à la condition de n'être jamais aliénée à aucune puissance étrangère.

« Or, par le traité du 24 mars, le gouvernement l'a cédée à Napoléon.

« Une telle cession est contraire au droit des gens.

« On dira que Nice a été échangée contre deux provinces plus importantes ; mais tout trafic de population répugne au sens universel des populations civilisées et il doit être repoussé parce qu'il établit un précédent dangereux qui pourrait diminuer la confiance que le pays doit avoir, à bon droit, dans son avenir.

« Le gouvernement justifie sa conduite par le vote des populations qui aura lieu les 15 et 16 courant. En Savoie, il a lieu le 22.

« La pression sous laquelle se trouve courbée la population niçoise, la présence de nombreux agents de police, les flatteries, les menaces faites impunément à ces pauvres populations, la compression employée par le gouvernement français pour pousser à l'annexion du pays à la France, comme cela résulte de la proclamation de M. Lubonis, gouverneur ; l'absence de Nice de beaucoup de nos concitoyens obligés par tous ces motifs de quitter la ville ; la précipitation et la manière dont on demande le vote de ces populations, toutes ces circonstances enlèvent au suffrage universel son vrai caractère de liberté.

« Mes collègues et moi, nous avons la confiance que la chambre et le ministère sauront pourvoir immédiatement et énergiquement à ce que, du moins, le vote suprême de mon pays natal puisse être libre de toute pression, et prononcé avec la sécurité et la régularité légale, dont la sagesse de la France saurait l'entourer, en ordonnant dans ce but la suspension du vote de Nice ».

A ce discours, le président du Conseil, M. de Cavour, répondit ainsi : (1)

Premier discours de M. de Cavour.

« L'honorable député Garibaldi a condamné le traité du 24 mars comme inconstitutionnel,

(1) Discours parlementaires du comte de Cavour, recueillis et publiés par la chambre des Députés. Rome. Typographie de la chambre.

comme contraire au droit des gens — comme résultant d'une politique qui peut être fatale à notre pays, et qui doit être repoussée par tous les peuples civilisés.

« Le traité du 24 mars n'est pas une chose isolée ; le ministère le considère comme un acte qui rentre dans la série des faits accomplis et de ceux qui restent à accomplir. Il fait partie de notre système politique, on ne peut le justifier sans entrer dans de longs développements, sans exposer minutieusement à la chambre quels sont les principes sur lesquels a été basée, se base et se basera notre conduite politique.

« Pour le moment, sur le terrain politique, je me borne à cette seule déclaration ; c'est que la cession de Nice et de la Savoie était la condition essentielle de la réalisation du programme politique qui, en peu de temps, nous a conduits à Milan, à Florence et à Bologne !

« Nous sommes convaincus d'une chose : c'est qu'il était possible de renoncer au traité du 24 mars, mais il était impossible de le faire tomber dans une erreur qui aurait été inévitablement fatale. Il était impossible de repousser ce traité et de poursuivre la même politique. Non-seulement les conquêtes passées auraient été exposées à un danger évident, mais les destinées de notre pays auraient été en péril ».

M. de Cavour s'était contenté dans ce discours de répondre d'une façon générale à celui du général Garibaldi.

Examinons cette argumentation au point de vue de la logique et du simple bon sens.

En invoquant le traité du 13 novembre 1391, par lequel Nice s'était volontairement donnée à la maison de Savoie, l'orateur ne fit que donner la preuve la plus évidente de la légitimité de l'annexion. Qu'est-ce en effet, que ce traité du 13 novembre 1391 ? C'est un contrat par lequel les deux parties stipulaient certaines clauses qu'elles s'engageaient à respecter. Une de ces clauses, sur laquelle Garibaldi fondait son argumentation, disait que le comte de Savoie ne pouvait aliéner la ville en faveur d'un prince quel qu'il fût, et que s'il le faisait, les habitants auraient le droit de résister... etc... Cette clause du traité allait-elle être violée si Victor-Emmanuel cédait Nice à la France ? Oui, si Nice n'était pas consultée. Mais le traité passé avec Napoléon spécifiait clairement que l'annexion ne se ferait que Nice y consentant, par le vote librement émis de ses habitants.

Une règle générale et absolue, un axiome de
jurisprudence est que, lorsque deux parties signa-
taires d'un contrat, consentent à la dissolution de
cet acte, celui-ci est *ipso facto* absolument an-
nulé. Or, dans ce cas, si Nice allait exprimer sa
volonté de se voir réunie à la France, le traité de
1391 devenait *de plano* nul et sans effets.

Deuxième discours de M. de Cavour.

Quant à M. de Cavour, il répondait seulement
au point de vue général, et sur le droit qu'avait
eu le gouvernement de céder Nice et la Savoie à
la France.

Il ne fit valoir véritablement les vrais arguments de la question, que lorsque celle-ci fut
définitivement soumise à la chambre. Il prononça à cette occasion un mémorable discours
que nous n'hésitons pas à reproduire, tant il ré-
sume bien, à lui seul, la vérité et tout l'objet de
la question.

« J'arrive, s'était écrié le grand homme d'Etat,
à la question de Nice. M. Ratazzi a dit que Nice
était incontestablement italienne, et pour le démontrer, laissant de côté les arguments ethno-
graphiques et géographiques, il n'a donné qu'une
raison, celle-ci : Nice est italienne parce que
autrefois, libre d'elle-même, elle s'est donnée à
l'Italie.

« Je regrette que l'honorable député Ratazzi ait usé, qu'il me permette de le lui dire, d'un aussi pauvre argument. Je ne veux pas examiner le vote donné par Nice en 1388 en faveur de la maison de Savoie. Je ne sais pas, si dans ce temps-là, on observait pour le vote les prescriptions qu'ordonne aujourd'hui notre loi électorale ; j'en doute beaucoup. Mais admettant que les Niçois aient donné, en 1388, un vote libre, dégagé de toute pression, que firent-ils alors ?

« Manifestèrent-ils l'intention d'être Italiens ou tout au moins d'être réunis sous le sceptre d'un roi Italien ?

« Non, il faut bien le dire, la maison de Savoie n'était pas encore devenue italienne ; sa puissance et sa capitale étaient en Savoie ; la donation fut faite à Amédée VII, dit *le comte Rouge*, qui tenait sa cour à Chambéry, et il est évident que l'intention des Niçois fut alors de se réunir à un prince savoyard, à un prince de langue française, à un prince qui habitait du même côté des Alpes qu'eux-mêmes.

« L'argument mis en avant par M. Ratazzi se tourne donc justement contre lui-même. Examinons maintenant, non pas la situation de Nice en 1388, mais sa situation actuelle.

« Cette province est naturellement française.

« Une locution populaire vous le démontre ; c'est que ce pays s'appelait *la France Rustique*.

« Une province italienne aurait-elle jamais supporté d'être ainsi appelée pendant des siècles ? Il faudrait pour cela que le sentiment italien n'y eut pas de bien grandes racines.

« D'autre part, les intérêts matériels du comté poussent nécessairement ses habitants vers la France.

« Pour constater la nationalité d'un peuple, je ne pense pas qu'il faille recourir à des arguments philosophiques ou à des recherches scientifiques ; ce sont des faits qui tombent sous les sens, et appartiennent à l'appréciation de tous les individus.

« Or, nous avons deux Nice : l'une en Piémont que l'on désigne sous le nom de *Nice de Montferrat ;* une autre sur le littoral que nous tous, dans notre jeunesse, nous avions l'habitude d'appeler *Nice de Provence.* J'ai habité Nice, et je puis vous assurer que j'y ai reçu une infinité de lettres portant l'adresse de *Nizza di Provenza.* Croyez-vous que si Nice était réellement italienne, cette locution aurait été employée, et serait devenue populaire ? Non, assurément.

« *Mais quelle est la preuve la plus forte de la nationalité d'un peuple ? C'est le langage. Or, l'idiome parlé à Nice n'a qu'une analogie très éloignée avec l'italien ; c'est le même qu'on emploie à Marseille, à Toulon et à Grasse.* Celui qui a voyagé en Ligurie trouve que la langue italienne se conserve dans ses modifications et ses dialectes jusqu'à Vintimille. Au-delà, c'est comme un changement de scène ; c'est un tout autre langage.

« Je ne conteste pas qu'à Nice, les personnes aisées n'aient l'habitude d'apprendre l'italien et ne puissent faire usage de cette langue ; mais dans les conversations familières, les Niçois ne se servent pas de l'italien ; ils parlent le provençal ou le français.

« **Non, Nice n'est pas italienne ; je le dis avec une entière conviction.** Comme il arrive dans toutes les provinces qui confinent avec d'autres, il peut y avoir certaines parties du comté de Nice qui ont plus d'analogie avec les autres parties de notre royaume, comme par exemple, les populations auxquelles faisait allusion hier dans son discours, l'honorable Montezemolo. Sans doute, il y a une nuance progressive entre Nice et le col de Tende. Toutefois, Messieurs, je ne

crois pas qu'on puisse contester que, même dans
ces parties du comté, les tendances françaises ne
soient très puissantes. Et l'honorable Montezemolo vous disait hier que son opinion personnelle l'aurait conduit à voter contre le traité ;
mais qu'il était forcé de le voter à cause de l'opinion que lui avaient manifestée ses propres électeurs, qui l'avaient prié de s'abstenir de combattre un acte qu'ils désiraient eux-mêmes. Et il
m'est pénible de le dire, certaines de ces communes, croyant que dans la délimitation, elles
pourraient rester au Piémont, envoyèrent des
protestations et des adresses.

. . . .

« Les honorables préopinants contestent qu'il
existe chez les Niçois ce sentiment que nous sa-
vons exister chez eux en faveur de la France. Ils
disent que c'est là un sentiment fictif, né du traité
du 24 mars, et qui a été développé par la conduite
du gouvernement du roi, à l'égard des Niçois.
Mais comment, l'honorable Ratazzi, qui fut, pendant tant d'années, ministre de l'intérieur, peut-
il ignorer qu'il existe à Nice, depuis fort longtemps, un parti français solidement constitué.

Et en effet, Messieurs, le premier journal paru
à Nice depuis 1848, le journal qui, pendant de
longues années, fut le seul organe politique qui

conserva toujours le plus grand nombre d'abonnés, l'*Avenir de Nice*, ne cessa jamais de réclamer ouvertement, et quelquefois violemment, la réunion de Nice à la France ».

Cavour parlait enfin des conditions dans lesquelles le vote aurait lieu, de la propagande faite dans le comté de Nice en faveur de la France, dont nous aurons l'occasion de reparler, et terminait son mémorable discours, par ces belles paroles :

« Si j'ai réussi, vous, Messieurs, vous déposerez avec un cœur triste, mais la conscience rassurée, dans l'urne, un vote favorable au traité. En faisant cela, l'histoire que l'honorable Ratazzi invoquait, l'histoire proclamera cet acte comme un acte de la plus haute sagesse, né des plus généreux sentiments, acte de vrai patriotisme de ce premier parlement italien. (*Applaudissements unanimes et prolongés*) ».

Trois jours plus tard, Cavour prenait de nouveau, et à deux reprises la parole, pour répondre à ceux qui avaient attaqué le traité. Cavour engageait la chambre à juger entre ses arguments et ceux des adversaires du projet, et disait que le pays et particulièrement la Savoie et la France, attendaient, avec la plus grande anxiété, la délibération de la chambre.

Ainsi traitée, la question nous apparaît enfin sous son véritable jour, et les arguments exposés, l'autorité dont ils émanent, lui donnent l'ampleur qui convient à un tel sujet.

Peut-être ceux qui liront ces discours pour la première fois, se demanderont-ils comment il se fait, qu'après de tels arguments, on ait pu contester la nationalité et les sentiments de Nice ?

Eh bien ! il se trouva des gens, il en est encore, aujourd'hui, pour qui les discours de Cavour sont lettre morte ; et leur excuse est qu'ils furent inspirés par les circonstances. Cavour, dit-on, voulut enlever le vote de la chambre, par tous les moyens.

Un seul mot suffira pour réfuter le raisonnement de ces inconvaincus (qu'on nous permette ce néologisme).

Quel besoin Cavour avait-il de développer la thèse qu'il a ainsi soutenue devant la chambre ? Quel besoin avait-il de démontrer par $a + b$ que Nice n'était pas, ne pouvait pas être italienne ?

Il eût pu se contenter, lui, le fin diplomate, pour qui les subtilités du métier n'avaient pas de secret, il eût pu se contenter de dire seulement : Messieurs, c'est pour nous un grand regret de nous séparer de deux provinces à qui nous rattachent autant de liens et autant de glorieux souvenirs. Mais l'intérêt supérieur du pays, l'avenir et la gloire de notre dynastie, exigent ce sacrifice de notre patriotisme.

Et il aurait ainsi convaincu les députés de Turin, tout en laissant la porte ouverte aux revendications futures. Mais chez Cavour, le diplomate et l'homme d'État se confondaient avec l'honnête homme. C'est pour cela qu'il ne voulut pas escamoter la question. Avec la plus entière et la meilleure bonne foi, il la plaça sur le seul terrain qui fût vrai.

On a dit également que ces discours avaient été désavoués. Nous aurons l'occasion d'apprécier cet argument à sa juste valeur, lorsque nous aurons à parler de la discussion sur l'annexion, devant le Sénat piémontais.

Ses adversaires n'essayèrent pas de combattre, lui vivant, la thèse qu'il avait soutenue, mais au lendemain de sa mort, son successeur au ministère laissait imprimer dans les manuels de géographie à l'usage des écoles du royaume, cette erreur et cette énormité : Nice, terre italienne et colonie française.

Cavour n'est plus, mais son souvenir reste encore parmi nous aussi vivace. Et toujours son discours du 26 mai 1860 viendra répondre d'une façon irréfutable à ceux qui seront tentés d'insinuer que Nice n'est pas française. Et nous avons été doublement heureux de le reproduire. Nous y avons d'abord trouvé la synthèse admirablement résumée de l'histoire de Nice. Nous avons pu en même temps, apporter notre modeste tribut d'hommages à la mémoire de ce grand mort, dont le génie et l'honnêteté ont fait de l'Italie la grande nation qu'elle est aujourd'hui.

**Un vœu...
à réaliser.** Nous voudrions aussi qu'il nous fût permis d'exprimer un vœu ; nous souhaiterions qu'après avoir expliqué à leurs élèves les belles pages de l'histoire de France, les maîtres d'école du département fissent apprendre à leurs élèves ce discours du ministre italien.

Nous voudrions que ces paroles de Cavour, on put les lire partout, et qu'en toutes circonstances on les opposât à ceux qui oseraient encore prétendre que ce coin des bords de la Méditerranée n'est pas terre de France. . . . .

**L'annexion
devant
le Sénat
piémontais.** Revenons sur nos pas, et voyons comment la question de l'annexion de Nice et de la Savoie se présenta devant le Sénat piémontais. Le rapporteur, M. de Roca, s'exprima en ces termes :

« Messieurs,

« Votre commission a fait un examen approfondi du traité présenté par le gouvernement du roi, pour la réunion de la Savoie et de l'arrondissement de Nice à la France.

« La commission s'associe aux sentiments de reconnaissance exprimés dans le rapport qui précède le projet de loi, mais elle arrive à la justification du traité par des considérations plus approfondies.

« Elle n'a pas jugé le traité comme un fait isolé, mais comme faisant partie de la politique nationale. Le traité du 24 mars, en resserrant dans une intimité plus étroite la France et l'Italie, au moment où les annexions réalisées faisaient courir peut-être quelques risques à cette alliance, ce traité consacre le passé, rassure le présent et prépare l'avenir.

« Les conditions de l'Europe, les intérêts et les rapports, multipliés par leur nombre et leur fréquence, rendent plus que jamais difficile à toute nation d'exister et de progresser isolément. Cette difficulté devient presque une impossibilité, quand il s'agit d'accomplir une grande entreprise, et d'arriver à faire admettre des résultats obtenus par elle dans le droit public européen. L'Italie donc, pour accomplir la tâche qui lui a été assignée par la Providence, a besoin d'alliances sincères, intimes et surtout actives.

« Une alliance, c'est un échange de bons offices et de sacrifices réciproques, quand l'occasion le demande. La France l'a prouvé, en accourant à notre secours quand l'Autriche envahissait notre territoire ; ses braves soldats ont versé leur sang sur le Tessin et sur le Mincio ; et les armées alliées, de victoire en victoire, ont délivré la Lombardie, et accompli son annexion aux anciennes provinces de l'État. La France s'est montrée encore alliée généreuse, en empêchant toute intervention étrangère dans l'Italie centrale, en assurant de cette façon la liberté d'action des populations de l'Émilie et de la Toscane qui, par leur sagesse et par leur persévérance, sont arrivées au résultat désiré.

Enfin, quels qu'aient été ses premiers conseils sur l'organisation future de l'Italie, la France a reconnu le nouveau royaume tel qu'il se trouve constitué.

« Aujourd'hui, le gouvernement du roi nous demande, pour ce qui nous concerne, de ne pas nous opposer à ce que la Savoie et l'arrondissement de Nice soient annexés à la France avec le consentement des populations.

« Sans doute, c'est un sacrifice pénible et douloureux, de se séparer de ces nobles provinces.

« *Nice, bien que séparée de l'Italie et appartenant à la Provence par sa position géographique, sa langue et ses anciens souvenirs, avait de commun avec nous presque cinq siècles d'histoire. Déjà dans ce pays, l'esprit italien commençait à prendre racine.*

« La Savoie plus séparée encore de l'Italie, a été le berceau de nos rois, la terre classique de l'honneur, de la fidélité et de la vaillance guerrière.

« Toutefois, en observant bien la nature des lieux et le caractère des populations, *on ne peut affirmer que le traité du 24 mars ait touché au principe de la nationalité italienne.* Telle a été, Messieurs, la conviction unanime de votre commission. Comme sans cela elle n'aurait jamais donné son adhésion à ce traité, ainsi elle tire un argument irréfutable, pour l'intégrité future du territoire national.

« Sans accepter l'autorité du suffrage universel comme principe absolu, nous devons pour-

tant reconnaître que c'est un grand progrès
dans le droit public européen, d'être arrivé à ne
pouvoir disposer des populations sans leur consentement. Le vote universel, employé déjà dans
l'Italie centrale, comme confirmation des délibé-
rations des assemblées, pourra peut-être, dans
l'avenir, recevoir de nouvelles applications. Nous
ne pouvions donc le récuser à l'égard de la Savoie
et de Nice.

« Il ne faut pas oublier enfin que de ces faits
résulte un argument nouveau et efficace, pour
que les droits sanctionnés par le traité de 1815
ne puissent être invoqués au détriment de
l'Italie.

« En passant aux conditions particulières du
traité, votre commission aurait désiré que le
gouvernement indiquât avec précision la nouvelle frontière avec la France et le royaume
Sarde ; les difficultés de cette opération, et la
nécessité de tirer Nice et la Savoie d'un état
incertain, précaire et nuisible à leurs intérêts,
l'ont engagée à ne pas insister sur ce point.

« Toutefois, nous avons pris acte des déclarations faites dans le rapport qui précède le
projet de loi, et nous avons insisté, en outre vivement, pour que le ministre fasse tous ses efforts,

afin de conserver à l'Italie tous les points qui tiennent à nous de plus près, et qui ont une importance majeure pour la défense.

« Sans entrer dans de plus minutieuses considérations sur ce sujet délicat, la commission vous propose, à l'unanimité, l'adoption pure et simple du projet de loi, et exprime les vœux les plus ardents pour la prospérité future des nobles provinces qui, durant tant de siècles, s'associèrent à notre sort, et qui ont payé un si long tribut à notre cause ; qu'elles sachent que les sentiments exprimés au parlement par le prince généreux qui nous gouverne, sont gravés dans le cœur de tous ».

De ce long document il faut retenir quelques points essentiels. Le traité d'annexion, aux termes de ce rapport, consacre le passé, rassure le présent. En ces quelques mots, le traité est judicieusement apprécié. Il consacrait en effet le passé, puisque tout en donnant en échange deux provinces auxquelles elle n'était pas rattachée, l'Italie en recevait deux autres essentiellement italiennes ; il rassurait le présent, puisque tout en donnant satisfaction au désir librement exprimé par les Niçois et par les Savoyards, il faisait disparaître la cause possible de futurs malentendus entre la France et l'Italie.

La commission sénatoriale avouait enfin, sous
une forme discrète, que le traité du 24 mars
n'avait pas touché au principe de la nationalité
italienne. Et ce n'était pas la conviction d'un
seul, c'était la conviction unanime de tous les
membres de la commission.

Devant les membres de cette haute assemblée,
Cavour fit également entendre les paroles les plus
éloquentes en faveur de l'annexion. Il prononça
deux longs discours, les 9 et 10 juin, et non seulement ne désavoua pas ceux qu'il avait prononc-
cés quinze jours auparavant, à la chambre des
députés, mais accentua encore la sincérité et la
force des arguments qu'il avait fait valoir.

Il dit notamment :

« Il n'y a aucun doute que l'habitant de Nice
comprend le dialecte de l'habitant des villes voisines de Cannes et d'Antibes ; je suis fondé par
là à dire qu'il y a identité dans le dialecte, dans
la langue des deux rives du Var, et vous ne pour-
rez nier que la langue de Nice est un dérivé de la
langue française.

« Pourtant, Messieurs, j'ai entendu soutenir
plusieurs fois le contraire. S'il était possible de
prouver cette assertion, il ne s'agirait plus alors
de savoir si Nice doit être réunie à la France,

mais si l'Italie doit s'étendre jusqu'au Rhône. On ne pourra pas davantage opposer que ce dialecte s'est peu à peu nuancé et transformé ; puisque, Messieurs, on remarque dans ces pays un changement soudain et absolu.

« A Vintimille, Messieurs, on parle un dialecte absolument génois. Celui qui connaît ce dialecte comprend facilement le langage de Vintimille, et se fait comprendre avec la même facilité. A peu de kilomètres de Menton, cesse absolument le dialecte génois, dérivé de l'italien pour faire place au provençal, et celui qui ne connaît pas le provençal, qui n'a pas habité ce pays, ou n'a pas fait une étude spéciale de ce dialecte, ne le comprend pas, tandis que, je le répète, le dialecte de Vintimille, pour qui sait l'italien, est un dialecte facile à comprendre.

« Donc, Messieurs, il y a une différence des plus remarquables, entre un pays vraiment italien, où on parle sinon l'italien, un dialecte italien, et un pays provençal où on parle sinon le français, un dialecte français.

. . . .

« De même que les relations commerciales de Nice, ainsi que ses relations industrielles se font avec la France, de même il n'y a pas lieu de s'étonner si l'élément français a pu prendre la prépondérance dans la ville et dans le comté de Nice.

« Si donc ces faits sont vrais, tout en ne dissimulant pas combien il nous est pénible de nous séparer d'une aussi noble province, que ses mérites rendent désirable à tous, nous déclarons cependant que nous ne porterons pas atteinte, d'une manière absolue, au principe de la nationalité. De même, Messieurs, il ne suffit pas pour établir une nationalité, que le pays dont il s'agit ait vu naître dans son sein de grands citoyens qui, par leurs sentiments, doivent nécessairement appartenir à la nationalité qui est débattue ; il faut que les masses de la population appartiennent à cette même nationalité.

« Oui, Messieurs, il est douloureux de dire que la patrie de Garibaldi n'est pas italienne comme le sont les autres provinces du royaume. Mais, Messieurs, vous étonneriez beaucoup les Français, et principalement les soldats français, si vous disiez que Masséna était d'une autre nationalité que la leur ».

Cavour faisait ensuite justice des attaques dirigées contre la sincérité du vote qui pour lui, était considéré comme la manifestation de l'opinion de la grande majorité des habitants du comté de Nice.

Pour ne pas dépasser le cadre que nous avons dû forcément nous imposer, nous ne devons faire qu'une simple mention des autres arguments invoqués et développés dans son second discours du 10 juin, au Sénat.

Qu'il nous suffise de constater, que le grand homme d'État avait dans cette question apporté une telle ténacité dans ses affirmations, une telle sincérité dans ses arguments, qu'il faudrait pour prétendre que ses discours n'étaient que des discours du moment, inspirés par des motifs purement politiques, douter de sa bonne foi et du bon sens de ses auditeurs à la chambre et au Sénat.

Devant le Parlement piémontais, la question fut donc aussi jugée sous son vrai jour, et seules, quelques voix intéressées firent entendre de vagues protestations. Elles se résumaient comme, par exemple, le discours du général Garibaldi, en des soupçons peu flatteurs pour les autorités piémontaises de Nice, auxquels on ne doit pas s'arrêter plus longtemps.

Les allégations produites à la chambre par les deux députés de Nice, furent d'ailleurs jugées de

Les députés de Nice au Parlement piémontais désavoués par leurs électeurs.

la manière suivante par leurs concitoyens qui, s'étant réunis, votèrent d'enthousiasme un ordre de jour ainsi conçu : « Les électeurs de Nice déclarent désapprouver complètement la conduite de MM. les députés Laurenti-Roubaudi et général Garibaldi, relativement à l'annexion de Nice à la France ».

Les accusations portées d'autre part contre la sincérité du scrutin furent vertement relevées par le conseil municipal de Nice, qui protesta de la façon suivante :

« La *Gazette de Nice*, dans le but d'amoindrir la haute importance et la signification du vote de la ville de Nice pour l'annexion à la France, ne cessant de répéter les accusations les plus graves et les plus déloyales sur la manière dont les listes ont été formées et sur la manière dont le vote a eu lieu.

« Les membres du conseil communal, composant les quatre comités, se croient en devoir de protester contre toute insinuation malveillante et injurieuse, et de déclarer que toutes les irrégularités que la *Gazette* a prétendu signaler sont fausses et mensongères ».

De la montagne, arrivèrent également des protestations contre les accusations de tentatives de pression et de menaces, auxquelles le général Garibaldi avait fait allusion dans son discours.

L'annexion de Nice à la France fut donc un mouvement tout spontané de la population de ce pays, et un acte loyalement politique de la part du parlement, et du roi de Piémont.

Elle ne fut ni l'objet d'un escamotage, ni la condition imposée à l'Italie par Napoléon. Elle fut l'expression émanée librement d'un pays français d'origine et de cœur, demandant à revenir à la mère-patrie ; elle fut la concession habile autant que raisonnée, par laquelle Victor-Emmanuel, tout en fortifiant son royaume nouvellement constitué, se faisait un allié du plus puissant souverain de l'Europe.

Et malgré les cris discordants d'alors, malgré les campagnes que l'on mena depuis, il n'est pas possible de trouver dans cet acte, ni un autre motif, ni une autre portée.

Nous avons terminé l'exposé de l'historique de la question de Nice française. Faudra-t-il rappeler, ne fût-ce que succinctement, les tentatives qui depuis 1870 ont été faites pour séparer Nice de la patrie française ?

Ces événements sont très récents, et l'histoire

impartiale n'a encore pu apporter la clarté nécessaire à les juger sainement et justement.

Cependant, il nous semble utile, avant de finir cette partie de notre œuvre, de résumer, aussi impartialement que possible, les causes et les effets des manifestations qui éclatèrent alors, au moment même où la France se voyait envahie et écrasée par les armées de l'empereur Guillaume.

C'est là une période de l'histoire niçoise qu'il convient de placer sous son vrai jour, en démontrant que Nice n'a pas, là non plus, failli à son passé de patriotisme et d'honneur.

Le patriotisme des Niçois en 1870 ? Les champs de bataille de la Champagne et de l'Alsace renferment assez d'ossements de Niçois, les prisons militaires de la Bavière, de la Prusse, de la Silésie ont entendu les plaintes d'un assez grand nombre de nos concitoyens, pour que la réponse soit facile. Comme toujours, Nice sut conserver intact pendant cette triste époque, le nom de *cité très fidèle*.

Ce patriotisme est d'autant plus noble et plus digne d'être exalté, que les Niçois de 1870, nés sous un autre drapeau que celui de la France, ont su néanmoins prouver avec leur sang qu'ils aimaient assez nos trois couleurs pour savoir les défendre et mourir pour elles.

Il serait permis, après cette constatation, de ne tenir aucun compte des manifestations tumultueuses qui, pour quelques jours, troublèrent les rues de Nice, car à aucun degré, elles n'impliquèrent ni défection, ni abandon de la France par les Niçois.

Mais l'impartialité nous fait un devoir de dire un mot de ces troubles qu'on a cherché volontairement à grossir et à dénaturer.

La France était vaincue ; ses armées, perdant chaque jour du terrain, avaient été écrasées sous le choc énorme des troupes allemandes mieux organisées et plus puissantes.

Quand ces nouvelles parvinrent à Nice, elles jetèrent une douloureuse consternation dans la population.

Ce fut le moment que choisirent quelques mal intentionnés ou égarés, pour organiser des manifestations où, sous prétexte de critiquer l'administration, on essayait de créer un mouvement en faveur de la rétrocession de Nice à l'Italie.

Le préfet, M. St-Marc de la Fraissière, résista

aussi énergiquement, que les circonstances le comportaient, à ces tentatives.

Son attitude fut si justement appréciée par la population Niçoise, que lorsqu'il fallut envoyer à l'Assemblée nationale des représentants, il fut choisi par les comités, comme un des candidats.

Ce fut précisément cette candidature qui servit aux adversaires de la France de plate-forme à leurs manœuvres, et de prétexte à des cris d'alarme poussés par ceux qui, sous prétexte de défendre l'indépendance du pays, avaient un tout autre but.

Ces dissidents avaient comme signe de ralliement, un journal imprimé en langue italienne, qui prétendait être l'expression de l'opinion niçoise.

La campagne entreprise fut prudemment menée. La population, sage et raisonnable, n'y fit, au début, aucune attention ; mais bientôt, lorsque les attaques du journal italien eurent nécessité contre lui des mesures de répression, on fit habilement appel au patriotisme local de Nice, et à son grand amour de la liberté.

Vous voyez, disait-on, à cette population ; on en veut à votre indépendance, on veut vous asservir ; les Niçois ne seront bientôt plus maîtres d'exprimer un désir, de faire entendre une réclamation, si juste qu'elle soit, sans qu'aussitôt nous ne soyons les victimes d'une administration tyrannique. Si vous n'y mettez ordre, Nice ne sera bientôt plus aux Niçois. On veut vous imposer le régime de la force. Répondez à cela par la force. Niçois, montrez que vous êtes les maîtres chez vous.

Et alors, bien que la majorité des habitants ne se laissât pas prendre à ce piège, quelques-uns y tombèrent de bonne foi, et se laissèrent englober dans cette malheureuse campagne.

Pour accentuer leurs menées, les dissidents se rallièrent autour d'un nom unanimément aimé et respecté. Le nom du général Garibaldi, entouré de l'auréole de gloire et de liberté qu'il avait su y attacher par son courage, leur servit de porte-drapeau. Le choix était habile. On savait que Nice n'avait pas approuvé la conduite et le vote de Garibaldi, député de 1860, à la chambre piémontaise ; mais on savait aussi le culte que tous les Niçois, sans distinction de parti, avaient pour lui. Et lorsqu'on leur montra, d'un côté, un administrateur accusé d'opprimer les Niçois, de l'autre, un valeureux soldat dont le nom signifiait : liberté ; qu'au premier on eut ajouté comme qualificatif le mot : étranger, et que pour le second on eut rappelé bien haut le titre de : citoyen Niçois ; quelques personnes purent se demander un moment de quel côté étaient leurs vrais défenseurs.

Les dissidents se crurent à la veille de la réalisation de leurs vœux. Jouant d'audace, ils sortirent de la réserve qu'ils s'étaient imposée jusqu'à ce jour, et descendirent dans la rue, espérant y être suivis par la population entière.

Ils s'aperçurent bientôt que leurs conseils n'avaient pas produit les résultats qu'ils en attendaient. Avec la prudence dont ils avaient toujours fait preuve, ils se dérobèrent alors, en laissant aux prises avec la force armée les étrangers à notre ville, accourus à Nice dans l'espoir de pêcher en eau trouble, et quelques rares Niçois qui croyaient en toute sécurité lutter pour l'indépendance et la liberté de leur pays.

Devant la sage attitude de l'autorité, ce mouvement qui fut tout au plus une mutinerie, échoua entièrement.

Nous devons aussi dire un mot du mandat soi-disant imposé par les Niçois aux députés qu'ils envoyèrent, le 2 juillet 1871, à l'Assemblée nationale.

On a prétendu que ce mandat avait pour but : la séparation du comté de Nice de la France.

Nous sommes encore ici en face d'une nouvelle erreur.

Nous ne croyons même pas que les députés envoyés par les collèges électoraux de Nice à la chambre française, aient reçu ce mandat impératif d'un comité occulte, comme on l'a insinué.

La vérité est que les habitants de Nice avaient voulu se faire représenter par des candidats indigènes. De cela on ne peut, croyons-nous, leur faire un grief.

Et lorsque nous aurons ajouté que ces candidats avaient inscrit dans leur programme le mot de République, que restera-t-il de toutes ces affirmations ?

Les sentiments de la population attestant chaque jour son enthousiasme et son amour pour la France, ne sont-ils pas la meilleure réponse ? Et chose curieuse, Nice qui renferme en proportion plus d'étrangers que n'importe quelle autre ville de France, et où, sur une population totale de 80.000 habitants, on compte 25.000 italiens, Nice est peut-être la seule ville de France où l'élément étranger soit aisément absorbé, et en quelque sorte noyé.

Pour l'observateur, cette vérité s'impose : Nice est aussi française que si elle avait toujours appartenu à la France.

Maintenant que nous avons parcouru dans ses grandes lignes, depuis ses origines jusqu'à nos jours, l'histoire de Nice, il nous restera à résumer en quelques mots, le résultat de notre étude.

Considérations générales.

Nice est une ville d'origine française. Elle resta longtemps sous le gouvernement des comtes de Provence et en sortit, non pas par haine ou par politique, mais simplement par intérêt et avec le consentement du prince qui la gouvernait alors.

En 1388, en se plaçant sous la dépendance du comte de Savoie, *Amédée le Comte Rouge*, elle se donna à un prince d'origine française.

Pendant cinq siècles, elle fournit à la dynastie de ce prince, les témoignages les moins douteux de fidélité.

Elle eût pourtant toujours le soin de conserver une indépendance relative, en n'abdiquant jamais aucune des franchises que lui avaient concédées les comtes de Provence. Aucun des souverains qui se succédèrent ne put y attenter, sans soulever aussitôt les réclamations les plus vives et les plus fières.

Le jour où elle comprit qu'un nouvel état de choses était né de la Révolution française, elle revendiqua hautement et bravement son droit de se séparer du gouvernement qu'elle avait choisi pour celui qui, à ce moment, représentait mieux ses aspirations et ses désirs de liberté.

Les alliés de 1815 purent, malgré l'histoire, malgré les arguments les plus incontestables, malgré leur conviction, l'associer aux destinées du roi de Piémont ; de ce jour, date véritablement l'annexion de Nice à la France.

Les manifestations de 1851, les ovations enthousiastes qui accueillirent à Nice, les soldats français, les votes unanimes de 1860, ne furent que l'explosion de sentiments qui couvaient depuis longtemps dans le cœur des Niçois.

Nice n'a jamais été, à aucun moment, italienne. Et cette constatation a une importance qu'il faut mettre en lumière. Nice a pu faire partie du gouvernement savoyard, où elle a trouvé, reconnaissons-le, des avantages incontestables ; elle a pu exprimer une fidélité qui l'honore à des princes qui avaient sagement et paternellement géré ses intérêts ; elle a pu acclamer, en la personne de leurs souverains, une dynastie qui avait toujours fait preuve de bienveillance et de générosité envers elle ; mais ces sentiments étaient, pour ainsi dire, purement personnels, et ne s'adressaient qu'à la maison de Savoie.

La dynastie italienne n'a plus aujourd'hui de la Savoie que le nom et les armes. La nationalité savoyarde de cette dynastie a disparu depuis longtemps, pour faire place à la nationalité purement italienne.

Dans ces conditions, quel est l'esprit assez aveugle, pour affirmer que si Nice a pu autrefois être l'un des plus fidèles appuis des princes de Savoie, elle aurait, aujourd'hui, les mêmes ardeurs pour des princes italiens ?

Aussi, croyons-nous qu'on peut comme Cavour, qu'on n'accusera pourtant pas de partialité, affirmer hautement et répéter avec la conviction la plus entière :

Non, Nice n'est pas italienne !

DEUXIÈME PARTIE

—

LA LANGUE

CHAPITRE PREMIER

—

ORIGINES DU DIALECTE NIÇARD

—

On reconnaît généralement la nationalité d'un pays au langage que parlent ses habitants. Cette règle, qui admet de rares exceptions, est une des raisons qui peuvent établir *de primo* la nationalité française de Nice. A ce sujet, relevons encore une erreur grave qui s'est longtemps perpétuée parmi nos concitoyens. Un de nos amis de Paris, venu à Nice quelques années après l'annexion de 1860, nous avouait avoir été très surpris de ce qu'à Nice, on ne parlait pas italien. Comme notre ami est provençal d'origine, et connaît parfaitement la langue de Provence, il fut charmé de pouvoir comprendre aisément le dialecte employé dans le peuple, et d'entendre la haute société parler le français.

Eh bien ! cette erreur est encore aujourd'hui très répandue. A l'étranger, on se figure quelquefois que la langue employée à Nice est la langue italienne, lorsque celle-ci n'est exclusivement parlée que par les Italiens résidents ou passagers. Phénomène assurément curieux, mais que nous avons maintes fois constaté, beaucoup d'entre les gens du peuple, malgré le voisinage de la frontière, malgré le temps relativement court qui nous sépare de l'époque où la langue officielle à Nice était l'italien ; beaucoup, disions-nous, ne comprennent que très imparfaitement cette langue. La langue italienne s'est seulement conservée dans les idiomes ou patois parlés, sur une partie de l'extrême frontière. Cette constatation fournit une nouvelle preuve de la nationalité française de ce pays.

Ici encore, nous serons de l'avis du grand homme d'État italien, dont nous avons cité, dans le cours de cet ouvrage, les discours au parlement de Turin. On devrait graver ses paroles, sur le monument que Nice se propose d'élever pour célébrer le centenaire de sa première annexion à la France. Anachronisme, dira-t-on, mais anachronisme qui aurait pour effet d'ouvrir bien des yeux, et surtout de fermer bien des bouches.

Après avoir dit que la langue employée à Nice n'a qu'une analogie très éloignée avec l'italien, Cavour s'écriait : « Je ne conteste pas qu'à Nice les personnes aisées n'aient l'habitude d'apprendre l'italien, et ne puissent faire usage de cette langue ; mais, dans les conversations familières, les Niçois ne se servent pas de l'italien ; *ils parlent le provençal ou le français* ». Dans les conversations familières, disait Cavour ; c'est-à-dire dans l'usage de chaque jour, dans l'intérieur de la famille. Le provençal ou le français étaient par conséquent les seules langues employées, et l'italien ne l'était que comme une langue étrangère. Et ceci était constaté par Cavour en 1860, alors qu'en fait, Nice appartenait à la nationalité Sarde depuis longtemps ! La même constatation peut se faire aujourd'hui, avec cette différence, que la jeune génération de ce pays n'emploie même plus le patois, et parle presque exclusivement le français.

Une autre remarque que, personnellement, nous avons eu également l'occasion fréquente de faire ; c'est que nulle autre part qu'à Nice la

La langue italienne à Nice.

langue italienne n'est plus maltraitée. C'est chose extrêmement curieuse, que d'entendre un Niçois n'ayant pas appris l'italien autrement que d'une façon superficielle, parler cette langue. Les barbarismes y coudoient les fautes de tous genres, et c'est à peine si, dans ce mélange informe, on pourrait reconnaître quelques traces de la langue du Dante.

Arrivons à l'étude des origines du dialecte appelé niçois ou niçard. Pour que l'on ne puisse pas nous accuser de partialité, nous ferons appel aux écrivains locaux eux-mêmes qui se sont occupés de la question.

Jugements sur l'idiome niçard.

« L'idiome niçard, dit Risso, est un dialecte qui présente peu de différence avec le dialecte provençal ; il s'est cependant mêlé d'un grand nombre de mots de diverses nations, et on s'en sert depuis les Alpes-Maritimes jusqu'aux Pyrénées. Plusieurs mots des premiers habitants des montagnes se sont conservés dans cette langue, ainsi que plusieurs de ceux, employés par les celtes, et ils sont encore aujourd'hui en usage parmi les peuplades de ce comté ».

Et Risso cite tous les mots étrangers qui se sont glissés dans l'idiome niçard et qui n'ont aucune ressemblance avec la langue française.

La liste n'en est pas bien longue, et nous croyons intéressant de la reproduire :

Niçard	*Français*	*Niçard*	*Français*
Abra	Allumer	Giarra	Cruche
Agassin	Cor	Greigl	Cœur de salade
Arna	Teigne	Grupia	Crèche
Basseù	Soufflet	Huosca	Entaille
Bacciàs	Bouc	Laua	Ardoise
Badajà	Bailler	Lasagna	Vermicelle large
Baùs	Rocher	Maloun	Brique
Baùma	Grotte	Menoun	Chevreau
Bourneù	Tuyau	Nasca	Inule
Bresca	Rayon de miel	Niera	Puce
Brusch	Ruche	Oouriou	Maquereau
Daigl	Faulx	Pantai	Rêve
Draja	Sentier	Peiroou	Chaudron
Escandaigl	Balance romaine	Roumegas	Ronce
Fauda	Giron	Sivada	Avoine
Fea	Brebis	Seglioun	Sceau do bois
Gaube	Adresse	Tap	Bouchon
Gaugna	Ouie de poissons	Trufa	Moquerie
Gaveù	Sarment	Tea	Bois résineux
Giaina	Solive	Vana	Couverture piquée

Nous citerons ensuite, toujours avec Risso, une liste de mots d'origine purement celtique, dont la plupart se sont conservés textuellement dans l'idiome niçard :

Niçart	*Celtique*	*Français*
Aglaïa	Aglaïa	Crier
Accordi	Accord	Accord
Aiga	Aiga	Eau
Alp	Alp	Elevé
Bal	Bal	Bal
Baldokin	Baldokin	Baldaquin
Baile	Bayle	Bailli (Maire)
Beghin	Beguin	Béguin
Caulè	Caul	Chou
Cancan	Cancan	Cancan
Cat	Cat	Chat
Cal	Cal	Maison en ruine
Dol	Dol	Dol (fraude)
Drole	Drole	Drôle
Drut	Drut	Bien fumé
Dum	Dum	Don (Eminence)
Escoubà	Escoubà	Balayer
Espia	Espia	Espion
Estoffa	Estoff	Etoffe
Escot	Escot	Ecot
Fourn	Fourn	Four
Fanga	Fanga	Fange
Flac	Flac	Mol
Fuol	Fol	Fou
Glas	Glas	Glas (deuil)
Gril	Gril	Grille
Gulà	Gulà	Crier (gueuler)
Habil	Habil	Habile
Hamgard	Hamgard	Hangar
Hapà	Hapà	Prendre
If	If	Vert
Jarre	Jarre	Jarre

Klap	Klap	Petit amas de pierres
Lauas	Laous	Pierre plate
Lampea	Lampr	Lampe
Lega	Legha	Lieue
Ma	Mam	Mère
Mar	Mar	Mer
Menut	Menut	Très petit, menu
Mouis	Mouis	Chat
Nad	Nad	Rien
Oa	Oa	Courage
Pa	Pa	Père
Quasi	Quasi	Quasi, presque
Remocà	Remoqua	Remorquer
Ricanna	Ricanna	Ricanner
Scudella	Scudella	Ecuelle
Sabat	Sabat	Sabat
Taigl	Taigl	Coupure
Taule	Taula	Table
Toupin	Toupin	Vase de terre
Vergiè	Vergez	Verger
Virâ	Virà	Tourner
Ziccotà	Zicotta	Secouer la tête

A aucune autre langue qu'à la langue celtique, l'idiome niçard n'a emprunté *aussi fidèlement* des mots et des expressions. Par la liste qui précède, on a pu voir que les mots niçois sont presque toujours l'équivalent textuel et littéral des mots celtiques correspondants.

' L'idiome niçard, nous dit Risso, reçut les traces du langage des nations barbares qui envahirent ce pays ; les Goths, les Huns, les Vandales et surtout les Francs.

« Enfin, ajoute-t-il, il reçut des langues italienne, espagnole et française plusieurs mots, et cela, à mesure que le patois se développait. Maintenant, la langue française est généralement parlée à Nice ; mais les études et les actes du gouvernement se font en italien, tandis que le peuple ne se sert que du Niçois ».

Cela était écrit avant l'annexion, par un auteur que l'on ne peut accuser de partialité. Justement célèbre par ses travaux, Risso ne pouvait, en effet, à un moment où la question de Nice à la France n'était pas encore posée, soutenir une thèse qui fut inspirée par un parti-pris. Il constatait donc que la langue française était généralement parlée à Nice ; que seul le gouvernement et les administrations publiques employaient la langue italienne, et qu'enfin le peuple parlait le Niçois, idiome qui, d'après Cavour, n'a qu'une analogie très éloignée avec la langue italienne.

Continuons ces intéressantes constatations.

Avec moins d'autorité, peut-être, Louis Roubaudi, à qui ses livres sur Nice, valurent de la part du roi de Sardaigne, le titre de baron, tout en attribuant à la langue romane, l'origine et le fond de l'idiome niçard, n'en fait pas moins sur le sujet, des remarques utiles. Il en tire des conclusions qui ne font qu'ajouter une preuve de plus à la thèse que nous soutenons ici.

« On voit, dit-il, que l'idiome de Nice est un mélange de différentes langues et que la latine, l'italienne, la française, l'espagnole, la portugaise, semblent être plus particulièrement entrées dans sa formation. Mais, de toutes ces langues, celle que le Niçois reconnaît pour sa véritable mère, c'est la latine vulgaire, ou romane, ce qui résulte de la plupart des désinences en a, et surtout de phrases purement romanes et presque latines qu'on y remarque telle que : « *Tu non vales ren* (tu ne vaux rien). *Dona mi cauca ren·* (donnez-moi quelque chose) ». Certainement jamais la langue latine ne fut parlée à Nice aussi purement qu'au forum. Mais le long séjour que les armées du peuple roi firent dans ces contrées et *l'habitude qu'avaient les Romains de faire adopter aux* **vaincus** la langue de la métropole, *ont dû*, avec le temps, influer sur celle du pays, et effacer *en partie* les emprunts que l'idiome niçois avait faits au celtique, au grec, au phocéen, emprunts dont, cependant, on retrouve encore des traces.

« Bouche pense même que tous les mots provençaux ou niçois, qui ne viennent ni du « latin, ni du grec, ni de l'espagnol, ni de l'italien, doivent être considérés comme celtiques. Une foule aussi de mots niçois ont les racines purement grecques. Dans les environs de Nice et dans les montagnes voisines, il y a plusieurs endroits qui portent encore des noms grecs, tels que: Olimpia, Pellion, Ossa.

« Enfin, tout porte à croire que le patois de Nice ne fut d'abord, qu'un mélange de latin et de l'idiome des nations du nord. Les Goths, les Bourguignons, les Lombards, qui se ruèrent sur l'Italie, lors de l'immense catastrophe qui balaya de presque toute la surface de la terre, la puissance, la civilisation et les vices de Rome ; les Maures aussi peut-être, qui inondèrent, en différentes fois le midi de l'Europe, ont contribué par l'invasion de leurs langues, à la corruption du roman, et à la composition subséquente de l'idiome niçois. Le mot *mascara* qu'on y trouve et qui signifie masqué, barbouillé est arabe, faire des salamalechs signifie saluer quelqu'un à outrance. Or, sala malec, en langue sarrazine, veut dire, je vous salue.

« Des écrits anciens, en patois de Nice, prou-

vent que cet idiome a beaucoup perdu de ses ter-
minaisons en a. Ces mêmes écrits anciens prou-
vent que, depuis quelques siècles, ce patois s'est
sensiblement transformé, modifié, purifié ; et
qu'il est beaucoup plus doux qu'autrefois. *Le génie de la langue française semble s'insinuer peu
à peu dans cet idiome, et tout porte à croire
qu'avec le temps elle l'étouffera. Déjà, la classe
aisée et riche parle généralement le français,
ou, du moins, cette langue est devenue si familière aux habitants de Nice, que souvent ils se
servent alternativement du français et du
patois pour exprimer la même idée.*

. . . .

« La proximité enfin du Piémont et du duché
de Gênes, les relations commerciales de tous les
jours avec ces deux pays, font encore que les
idiomes piémontais et génois sont à Nice généralement compris et parlés ; mais l'enseignement
public, confié aux soins des RR. PP. Jésuites, les
actes et tout ce qui a rapport à la magistrature,
se font en langue italienne ».

Reprenons chaque point de cette intéressante
argumentation. Roubaudi reconnaît d'abord que
la langue celtique servit d'origine à l'idiome
niçard, et que la langue romaine imposée aux

habitants de ce pays par ses vainqueurs, *a dû* influer sur son idiome, et effacer *en partie* les emprunts que cet idiome avait faits à la langue celtique. On voit quelles restrictions, Roubaudi apporte à cette constatation. Il dit que la langue romaine qui a été imposée par droit de conquête, *a dû effacer* (et non pas a effacé) *en partie* l'origine celtique.

On pourrait donc croire que Roubaudi a voulu dire que malgré les efforts des Romains victorieux, malgré le long séjour que ce peuple fit dans ces contrées, la langue celtique et la langue phocéenne se sont conservées dans l'idiome niçard.

Plus loin, Roubaudi constate que le génie de la langue française est bien près d'étouffer l'idiome niçard. Il reconnaît que la classe aisée parle généralement le français, et que cette langue est devenue tellement familière aux habitants de Nice (et Roubaudi ne fait ici aucune distinction entre la classe aisée et la classe populaire) que souvent, ils se servent alternativement du français et du patois, pour exprimer la même idée.

Enfin, Roubaudi affirme timidement que les idiomes provençaux et génois sont généralement compris à Nice, à cause de la proximité et des relations commerciales que Nice entretient avec ces deux pays voisins.

N'insistons pas davantage sur l'importance de ces déclarations, et continuons nos recherches...

Arrivons maintenant aux écrivains qui, laissant de côté la valeur historique et irréfutable des arguments soulevés en faveur de cette question, ont essayé de démontrer, par des raisonnements subversifs, que le Niçard n'est pas un idiome provençal.

Vergezzi Ruscalla a publié sous le titre de *Nazionalità di Nizza*, ce qu'il appelle un *ragionamento*, où il explique, à sa manière, l'origine du dialecte niçois.

« La nationalité linguistique exige, dit cet auteur, que les diverses provinces de la même famille qui se servent de dialectes, aient pour lien social une langue commune, et pour employer des termes dantesques, une langue aulique cardinale, illustre, adoptée par les cours, et qui soit le représentant de tous les dialectes. Cette langue littéraire ne s'étendait pas seulement à Nice et à la Provence, mais à tout le littoral par une ligne qui, partant de Neufchâtel, et passant par Mâcon, Thiers, Guéret, Limoges et Blaye, franchit les Pyrénées et s'étend à la Catalogne, à Valence, à Murcie et aux îles Baléares.

« Ce bel idiome fut celui des troubadours dont l'influence littéraire s'étendit à la littérature française primitive, à l'italienne et même à l'espagnole. Personne n'ignore aujourd'hui, le caractère de cette littérature dite provençale, limosine et occitanique. Mais si, pendant trois siècles, il a pu exister une nationalité provençale entre la Loire et la Méditerranée, de Nice à Murcie, quand le comte de Provence perdit sa nationalité qu'il possédait depuis l'an 879, en tombant au pouvoir de la France, il perdit en même temps sa langue littéraire. Ceci arriva en 1481 ; mais la décadence de l'idiome provençal avait commencé à la croisade contre les Albigeois. A la place d'une langue générale et cultivée, il ne resta que des dialectes, représentant des provinces, des tribus, si l'on veut, mais non la nation...

« Les dialectes dont nous parlons se rapprochèrent de la langue du peuple auquel les populations qui s'en servaient étaient politiquement unies, ou avaient le plus d'affinité. Le Catalan, le patois de Valence, de Murcie et des Baléares se rapprocha de l'espagnol, celui du midi de la France, du français, et le dialecte niçois, de l'italien.

« Si le dialecte de Nice ressemblait plus au français qu'à l'italien, alors, malgré les liens politiques, on pourrait contester la nationalité. Mais cela n'est pas, et nous l'avons démontré avec évidence en mettant en regard la parabole de l'enfant prodigue, écrite en dialecte niçois, en italien et en fançais (1).

« Ce qui est arrivé au dialecte niçois, qui participe du provençal et de l'italien, est arrivé au patois gallicien qui, quoique se rapprochant du portugais, est classé parmi les dialectes espagnols ; à certains dialectes allemands, à ceux qui se parlent entre la Pologne et la Russie.

« En un mot, la France méridionale n'ayant plus de langue commune proprement dite, aucun des dialectes qui survivent, pas plus celui de Bordeaux que ceux de Toulouse et de Marseille, n'a droit à la suprématie sur les dialectes des

(1) L'auteur a, en effet, essayé en mettant en regard la parabole de l'enfant prodigue en italien, en niçard et en français, de prouver que le texte niçard se rapproche plus de l'italien que du français. Il serait facile de répondre d'abord que le texte niçard ne se rapproche ni de l'un ni de l'autre, mais il serait plus facile encore, en prenant un autre exemple et sans recourir à l'Evangile, de prouver le contraire de la thèse soutenue par M. Vergezzi. De tels arguments nous semblent si peu sérieux, que nous préférons ne pas insister.

pays voisins espagnols ou italiens, et nul de ces dialectes ne peut prétendre représenter une langue morte, la langue romane. Chacun de ces dialectes, émancipés de la langue mère, a été adjoint aux langues de même souche, adoptées dans chaque pays comme langues officielles et littéraires ».

M. Vergezzi-Ruscalla traite la question d'une façon qui n'apporte aucun éclaircissement. En des phrases filandreuses et dont la subtilité est encore plus appréciable dans le texte italien, l'auteur essaye de déplacer le sujet, disons mieux, de l'escamoter. En soutenant qu'une même langue donna naissance aux idiomes catalan, provençal et niçois, l'auteur commet une première erreur. En prétendant que ces idiomes se rapprochèrent, à un moment, de la langue des peuples auxquels ils étaient politiquement unis, et en concluant que le Niçois se rapproche de l'italien, l'auteur commet, involontairement peut-être (ce serait sa seule excuse), une seconde erreur.

Admettons avec lui que la langue romane disparaisse ; on verrait, dit-il, le patois du midi se rapprocher du français, tandis que le niçois se rapprocherait de l'italien. Ceci, à notre sens, est erroné. Il suffit d'entendre parler le provençal et le niçois, pour se rendre compte que le second n'est que le dérivé, et quelquefois *l'équivalent* du premier. C'est, d'ailleurs, un point de linguistique absolument fixé. L'idiome niçard est un idiome provençal né de la langue romane.

Cette constatation n'embarrasse pas **M.** Vergezzi qui supprime purement et simplement cette langue ; pour peu, il affirmerait qu'elle n'a jamais existé que dans la bouche de troubadours problématiques, ou dans l'imagination féconde de certains écrivains.

La langue romane disparue, reste le provençal, qui apporte à l'argumentation péniblement échaffaudée par **M.** Vergezzi, un démenti absolu.

Ne pouvant nier l'existence de cette langue qui compte de si brillants défenseurs, l'auteur de la *Nazionalità di Nizza* prend alors un détour. Il prétend que le provençal n'a pas le droit de représenter la langue romane. C'est, dit-il, un simple dialecte, un idiome, tel que le niçois, qui ne peut revendiquer sa suprématie sur les autres idiomes.

Telle est son argumentation faite d'affirmations erronées et de discussions subtiles. Et cela se colporte, cela se répand, et cela devient à la longue, une preuve aux apparences de logique.

Pour nous donc, et pour tous ceux qui ont étudié de près la question, nous pouvons dire que M. Vergezzi s'est trompé en donnant la langue italienne comme langue mère du Niçois. Avec Risso et Roubaudi, deux auteurs niçois sardes, nous affirmerons que le niçard est un idiome provençal, ayant pour langue mère la langue romane. Avec Cavour — et il nous sera permis d'attacher plus de crédit aux paroles du célèbre homme d'État italien, qu'aux arguments de M. Vergezzi, nous répondrons que l'idiome parlé à Nice n'a qu'une analogie très éloignée avec l'italien.

Le langage de Nice et les Français du Nord. Arrivons enfin aux derniers arguments invoqués contre l'affirmation du « Niçard idiome provençal ».

On nous dit que le Niçard est considéré par les Français du nord comme un patois barbare, dont ils ne comprennent aucun mot.

Mais le provençal ? Est-il plus familier aux habitants du nord que le Niçard ? C'est là l'histoire des langues d'oïl et d'oc.

Cette constatation fournit un nouvel argument aussi précieux que les autres, en faveur de notre thèse.

Nous avons réservé pour la fin le principal

argument le seul qui soit sérieux, et chose étonnante, le seul sur lequel **M.** Vergezzi ne se soit pas appuyé.

Lorsque Emmanuel-Philibert décida de supprimer le latin comme langue officielle du royaume, il laissa la langue française à la Savoie, et donna la langue italienne à Nice.

Plus tard, lors de la capitulation signée avec Catinat, les Niçois demandèrent *que tous les actes* continuassent à être faits en langue italienne.

Voyons la raison de ces faits.

Lorsque Emmanuel-Philibert décide de remplacer le latin dans ses États, il laisse la langue française à la Savoie, parce que ce pays n'a jamais connu d'autre langue.

A Nice, la situation est différente. Nice n'a pas de langue à proprement parler, elle n'a qu'un idiome, qui ne peut être maintenu comme langue officielle, car il n'a pour cela, ni autorité grammaticale, ni historique.

Emmanuel-Philibert donne donc à Nice comme *langue officielle*, l'italien. Malgré cela, l'italien ne devient jamais la langue du pays. Les documents officiels, les archives municipales seront écrits dans cette langue, c'est vrai ; mais les habitants continueront toujours à parler le niçard ou le français.

Et c'est cette langue qu'on voudrait nous donner comme la langue originaire, comme la langue mère de l'idiome niçois ?

N'est-ce pas plutôt la conclusion contraire, qui logiquement vient à l'esprit, et ne nous est-il pas permis de dire qu'il n'y a jamais eu à Nice qu'une langue, la langue française, qu'un idiome, l'idiome niçois qui se soient conservés à travers les changements de nationalité.

Laissant de côté les arguments fournis par l'expérience et le bon sens, occupons-nous maintenant de traiter la question au point de vue purement philologique.

CHAPITRE II

—

LE NIÇARD ET LE PROVENÇAL

—

Le niçard, comme le provençal qui lui sert de
type, est un des dérivés de l'ancienne langue
d'oc. On a essayé, sans succès, d'en faire une langue spéciale, différente du provençal, jouissant
d'une syntaxe autonome.

Les Niçois impartiaux conviennent que ce dialecte doit se contenter d'être une des formes
de l'idiome provençal, reconnu aujourd'hui comme langue.

On sait, en effet, que l'Université a établi dans
ses facultés du midi de la France, des chaires
pour l'étude spéciale du provençal.

Dans sa *Grammatik der Romanischen Spra-
chen*, le savant linguiste allemand Diez affirmait,
en 1835, à une époque où la question n'était pas

encore soulevée, que la langue italienne s'arrêtait à Vintimille, et qu'à partir de là, les dialectes parlés rentraient dans l'idiome provençal.

Egalement avant l'annexion, un illustre savant
italien, le géographe Adrien Balbi, exposait la
même théorie.

Ceci établi, reconnaissons que l'italien a une
influence, très peu sensible il est vrai, mais réelle
cependant, sur la prononciation. Cette influence
tend à disparaître chaque jour. La prépondérance
de la langue française sur le dialecte niçard s'affirme de plus en plus.

Les locutions, la construction des phrases, la
prononciation revêtent maintenant une forme
nouvelle, et le moment nous apparaît prochain,
où les Français du nord retrouveront dans le
dialecte niçard, le caractère et l'empreinte de la
langue nationale.

M. A.-L. Sardou, père de l'éminent académicien,
et l'un des savants les plus estimables que nous
connaissions, s'est occupé de la prononciation. Il
nous cite une anecdote sur l'historiographe
Toselli, au sujet de l'énorme étude que cet écrivain
a faite pour démontrer la différence entre le
provençal et... le niçard.

Laissons la parole à l'auteur de *Nice proven-çale* qui est à la fois un savant et un homme d'esprit :

« M. Toselli nous apprend tout d'abord que, se trouvant un jour, assis avec un de ses amis sur un banc du boulevard du Pont-Neuf, il entendit la grosse voix d'un français venu à Nice, d'un village situé sur la rive droite du Var, et qui se plaignait de ce que M. le maire avait mis *lei bas-culo per l'octroi* (1) de sorte qu'il lui a fallu payer 63 francs et 12 sous pour *uno carretado* (2) de 500 kilos de raisin.

« Ces quelques paroles, dit-il, me firent faire l'observation qu'il existe une grande différence entre le dialecte niçois et le dialecte provençal. Et où voit-il cette grande différence « En ce que le paysan d'outre-Var a dit *basculo, carretado*, tandis qu'un Niçois aurait dit *bascula, carretada*.

« Son ami n'étant pas de son avis, M. Toselli pour le convaincre, lui fit observer qu'à Nice « on prononce et l'on dit : *la luna settembrina es la plus clarina (3)*, tandis que les Provençaux vous diront : *la luno settembrino es la plus clarino.*

(1) Les bascules pour l'octroi.
(2) Une charretée.
(3) La lune de septembre est la plus claire.

Par là, ajoute-t-il, vous voyez aussi clair, que les rayons de cette lune, que les Provençaux ont leurs finales en o, tandis que nous, Niçois, les avons en a. Et sur ce thème, en 224 pages, M. Toselli brode ce qu'il croit avoir démontré, à savoir que le niçard et le provençal sont des langues entièrement différentes ».

Comme on le voit par cette citation, M. Toselli estime que la simple modification de la lettre finale de certains mots, constitue la différence entre l'idiome provençal et le dialecte niçard.

Dans le cours de son étude, M. Sardou répond avec infiniment d'à-propos que la désinence en *o*, a été aussi souvent employée dans le dialecte niçard que dans le provençal, que cette différence sur laquelle est exclusivement basée la thèse de M. Toselli, n'existe donc pas.

Nous allons plus loin. En admettant même que cette différence existe, elle ne pourrait avoir qu'un caractère purement euphonique ; en aucun cas, elle ne saurait avoir la portée que lui donne M. Toselli.

 De cette longue discussion, une chose ressortira, espérons-le, avec autant de clarté que de rigoureuse exactitude. Nous la résumons en deux mots : Le niçard n'est qu'un dialecte provençal, ayant les mêmes origines, la même forme, la même syntaxe que cette langue.

C'est ce que pensent avec nous, tous ceux que le culte du provençal a réunis dans l'étude de cette langue exquise, qu'on désigne du nom générique de *Félibres*. Ils n'avaient d'autre but que de consacrer la théorie que nous venons d'exposer, lorsqu'ils vinrent, il y a deux ans, apporter les saluts fraternels de la Provence à Nice. On se souvient encore de l'accueil plus que sympathique que firent à nos voisins, tous ceux qui, à Nice, occupent une situation quelconque. La langue provençale, de même que le dialecte niçois furent alors célébrés en vers, en prose, par nos littérateurs les plus distingués, nos poëtes les plus estimés.

Ce fut de part et d'autre l'échange le plus cordial de sympathies et d'amitiés, et Nice se rangea définitivement, par l'organe de personnes autorisées, sous la bannière des Félibres. Ensemble, on alla apposer une pierre commémorative sur la maison où mourut Rancher, le poëte exquis de la *Nemaïda*, plaçant ainsi le poëte niçard dans cette pléiade glorieuse, qui commença avec Pétrarque et les Troubadours, et qui se continue avec Aubanel, le poëte mort l'année dernière, avec Mistral, l'auteur de cette immortelle idylle *Mireille*, avec tant d'autres qui, dans la littérature provençale, comme dans la littérature française, comptent aujourd'hui parmi les gloires de notre pays.

Si quelques cris discordants se firent entendre (si peu nombreux, qu'on n'y attacha pas la moindre importance) ils étaient l'expression des fausses espérances et des déceptions de ceux, qui ne pouvant se consoler de l'état de choses dont jouit Nice, essayaient de troubler cette entente de frères que les événements ont pu autrefois séparer, et qui étaient heureux de se retrouver au milieu des souvenirs de leur commune origine. S'il en fut parmi les Félibres, venus à Nice, qui purent s'étonner de retrouver leur chère langue de Provence, dans le dialecte de ce pays, nous avons vu que les représentants les plus autorisés de leur école étaient depuis longtemps fixés d'une manière absolue sur cette question.

Dans les quelques pages que Mistral a bien voulu écrire pour notre livre, et sur l'autorité desquelles nous sommes fiers de nous appuyer, l'auteur du *Grand Dictionnaire Provençal* a démontré, avec autant de clarté que de précision, que la thèse que nous avons soutenue est la bonne.

. Nous avons également rencontré auprès d'un éminent professeur de notre Université, M. Chabaneau, qui occupe avec tant d'autorité la chaire de littérature romane à la Faculté de Montpellier, la même conviction et les mêmes assurances.

De même, nous sommes heureux de nous trouver en communauté d'idées avec un écrivain des plus estimés du monde littéraire français et provençal, M. Paul Arène, dont nous croyons devoir reproduire un article aussi intéressant que spirituel paru dernièrement dans un journal de Paris.

Parlant de la candidature de Mistral, à l'Académie, M. Arène écrivait ces mots :

« Son génie honore la France.

« Et puis, si le Provençal, au sujet duquel on a imprimé, depuis quelque temps, quelques vérités, et aussi pas mal de sottises, si le Provençal, comme l'a si justement fait remarquer Jules Simon, n'est pas la langue française, il est du moins une langue française nôtre et uniquement parlée au-dedans de nos frontières.

« C'est grâce au provençal que Nice est française sans que le plus méticuleux irrédentisme y trouve rien à réclamer. Nice, où je défie un italien, qu'il soit de Naples ou de Rome, d'acheter en parlant italien, deux sous de salade au marché, et où n'importe qui, parlant la langue d'oc, Marseillais comme Toulousain, est sûr de se faire comprendre.

« C'est encore grâce au provençal, qu'après avoir été trois cents ans et plus, gouvernée par des papes et des légats, Avignon ne garde pas trace de l'infiltration italienne.

« Et c'est toujours grâce au provençal, souple et précieux instrument d'assimilation graduée, que dans Marseille, les trente ou quarante mille piémontais ou napolitains immigrés, se francisent par leurs enfants, lesquels oubliant l'italien, et en attendant de savoir le français, parlent tout de suite à Menpenti comme à Saint-Jean, le franc provençal de la rue ».

La constatation faite par M. Paul Arène peut s'appliquer aussi à la classe lettrée de Nice.

Les journaux avant l'annexion. La classe lettrée et aisée ne se servait, en effet, que fort peu de la langue italienne. Nous n'avons pour être fixés à ce sujet, qu'à consulter la liste des journaux publiés à Nice avant l'annexion.

Sur dix-huit journaux parus de 1847 à 1854,

onze, c'est-à-dire les deux tiers, se publiaient en langue française.

C'étaient : *L'Echo des Alpes-Maritimes.* — *L'Avenir de Nice.* — *L'Echo du Peuple.* — *Le Carillon.* — *Le Tam-Tam.* — *Le Catholique-Apostolique en voyage.* — *Le Roi des Bavards.* — *Le Coq à l'Ane.* — *Les Soirées d'hiver.* — *La Vérité.* — *L'Impartial Niçois.*

Cinq seulement étaient en langue italienne : *Il Popolare Nizzardo.* — *La Ronda.* — *L'Osservatore del Varo.* — *Il Nizzardo.* — *Le Grazie.*

Enfin un journal *La Sentinella Cattolica* s'imprimait dans les deux langues, et *La Mensoneghiera* en patois niçard.

Ce fut un journal imprimé en langue française qui fut le premier des journaux fondés à Nice : *L'Echo des Alpes-Maritimes.*

C'est une preuve irréfutable de la préférence que les Niçois manifestaient pour la langue française qui s'assimilait mieux à leurs aspirations, et répondait mieux à leurs opinions.

De l'étude de la langue employée par les habitants, à l'étude de leurs noms, à l'étude du nom de leurs villes, de leurs quartiers, la transition est facile.

Ici encore, nous arriverons à démontrer aisément que dans les Alpes-Maritimes, la plupart des noms d'origine sont provençaux, c'est-à-dire Français. Nous nous servirons pour cela des arguments que les adversaires de notre thèse nous auront eux-mêmes fournis.

Dernièrement, le journal qui s'imprime à Nice, en langue italienne, intitulé *Il Pensiero di Nizza,* voulant protester contre la décision prise par le conseil municipal en vue de fêter le centenaire de l'annexion de Nice à la France en 1793, ne trouva rien de mieux, dans l'intérêt de sa cause, que de citer les noms de tous les volontaires qui combattirent, il y a cent ans, contre les armées de la République.

Nous avons, dans notre première partie, expliqué comment quelques Niçois et quelques habitants des Alpes-Maritimes furent amenés à prendre les armes contre un régime que l'histoire impartiale a appelé le régime de la terreur.

Les listes citées par le journal, que nous avons eu la curiosité de consulter, nous ont démontré que la moitié des noms qui s'y trouvent sont des noms purement Français. Nous avons cru intéressant de relever ceux qui, encore aujourd'hui, sont répandus dans les Alpes-Maritimes, et de démontrer par là qu'en 1792 la France avait une réelle influence dans la ville et le comté de Nice.

Ribaud, Clary, Ciais, Conte, Bermond, Baldoin, Maïstre, Renaud, Daprotis, Féraud, De May, Guibert, Dayderi Châteauneuf de Saint-Laurent (Comte)

Giaume, Bovis, Garaccion, Pastor, Ferraris, Tosel, Martin, Cassin, Rebroin, Bovis, Bottin, Caisson, Giordan, Maïon, Allion, Rodes, Payan, Castellan, Budis, Gargossin, Faraut, Ros, Bargerin, Thaon, Corniglion, Ambar, Siccart, Gautier, Dragon, Moissier, Battist, Augier, Berton, Buffon, Grignas, Moissier, Veran, Camos, Maurin, Laugier, Otto-Brondé, Passeron, Blachet, Canis, Ambor, Lambert, Inghilbert, Rainaut, Belmon, Mathieu, Fornaris, Mauzières, Castel, Plais, Simon.

La liste serait trop longue ; nous croyons inutile de la poursuivre. Nous avons, en effet, voulu montrer que dans le comté de Nice il y a cent ans, un grand nombre de personnes dont les familles originaires du département sont fort connues, et auxquelles on ne pourrait contester la qualité de Niçois, avaient des noms à désinence provençale.

Nous avons également pu constater que parmi les enrôlés de 1793, dont les noms sont à dési-

nence italienne, beaucoup d'entre eux n'apparte-
naient pas aux communes de l'ancien comté de
Nice, mais à des communes de l'ancien Piémont.

Une dernière remarque tout aussi intéressante. Dans ces bataillons de volontaires, on ne
trouve que très peu, ou presque pas, de Niçois
proprement dits. Le fameux mouvement populaire, comme on veut bien pompeusement appeler
cette émeute de gens qui luttaient dans le seul
but de se soustraire à tout enrôlement militaire,
se serait, en quelque sorte, fomenté dans les
petits villages.

Il n'aurait eu, si on s'en tient aux listes publiées, aucune importance dans Nice elle-même.

Provençal ou français. C'est donc chose tout à fait démontrée que la
langue employée à Nice est, ou bien le patois
local, qui est une des formes de l'idiome provençal et une des dérivations de la langue d'oc,
ou bien la langue française ; que la langue
italienne, alors même que Nice appartenait au
Piémont, n'a été employée que par un petit
nombre d'habitants, même quand (remarque
significative) elle était imposée comme langue
officielle.

—

TROISIÈME PARTIE

LES INTÉRÊTS

CHAPITRE PREMIER

—

NICE ET SA SITUATION TOPOGRAPHIQUE

—

Qu'est-ce qui constitue une frontière entre deux pays ? C'est généralement une chaîne de montagnes, ou un fleuve.

Qu'est-ce qui constituait la limite entre la France et le Piémont avant l'annexion ? C'était le Var, qu'il serait ambitieux de qualifier de fleuve.

Qu'est-ce qui constitue la limite actuelle, entre la France et l'Italie ? Ce sont les Alpes, muraille naturelle édifiée par la nature.

Le Var devait-il servir de limite entre la France et le Piémont ? A cette question, nous répondrons hardiment non, et cela pour plusieurs raisons.

La première : c'est que le Var ne peut offrir en aucun endroit, ni par l'aspérité de ses bords, ni par l'importance de son cours, un obstacle suffisant.

Cavour qui connaissait bien le comté de Nice, non-seulement dans son histoire et dans son langage, mais aussi dans sa position géographique, Cavour combattait au parlement de Turin, le projet d'établissement d'un port militaire à Villefranche, en faisant valoir les arguments suivants :

« L'histoire nous apprend, disait-il, que le comté de Nice n'offre aucun point stratégique, et que la ligne du Var n'est guère susceptible d'être défendue. De sorte qu'on se trouve forcé, en cas de guerre, ou d'envahir la Provence, ou de se retirer sur la formidable ligne de la Roya.

« En conséquence, l'avis des savants et l'opinion du gouvernement s'opposent à ce qu'on établisse à Villefranche le portmilitaire de l'État.

Un homme dont l'opinion sur la matière ne peut être mise en suspicion, Napoléon Ier, écrivait de même dans son *Mémorial de Sainte-Hélène* :

« Une armée, disait-il, qui venant de l'Italie, passe le Var, est entrée en France ; mais une armée qui venant de France passe le Var, n'est pas en Italie. Elle n'est que sur le revers des

Alpes-Maritimes. Aussi longtemps qu'elle n'a pas franchi la haute crête des Alpes, pour descendre en Italie, l'obstacle reste tout entier ».

Une autre raison, tout aussi bonne, est que le Var n'a jamais été la limite continue entre les deux pays.

La frontière établie ne suivait, en effet, la ligne du Var que pendant une vingtaine de kilomètres. Elle s'arrêtait au confluent de cette rivière avec l'Esteron ; au-delà, la frontière n'était plus reconnaissable qu'aux bornes et poteaux.

Examinons le tracé de la frontière actuelle. A quelques exceptions près, elle se continue avec la chaîne de montagnes qui, partant de la mer, va rejoindre les Alpes au « Pas de la Mule », et que l'on a toujours désigné du nom d'Alpes-Maritimes.

Cette chaîne offre tous les signes de la limite naturelle, et donne aux deux pays des garanties mutuelles de sécurité et d'indépendance. L'Italie comme la France sont aujourd'hui chez elles. Les poteaux et les bornes ne sont plus là que pour la forme ; la frontière est désormais facile à distinguer ; c'est la frontière naturelle, avec ses obstacles infranchissables, au lieu de l'ancien torrent qu'un enfant pourrait franchir sans difficultés.

L'examen de cette question apporte donc un nouvel argument en faveur du comté de Nice français. Il est même le plus important, puisqu'il ne se fonde que sur des faits matériels indiscutables. Il n'est pas l'œuvre d'un système ou d'une doctrine, mais l'œuvre de la nature elle-même, que les philosophes s'accordent à juger comme ayant bien fait tout ce qu'elle a fait.

CHAPITRE II

—

ARGUMENTS DE CŒUR ET DE RAISON

—

Le comté de Nice qui n'a jamais été séparé de la France par une frontière absolument infranchissable, devait forcément prendre les habitudes et les goûts des voisins avec qui elle était en rapports.

C'est ce qui explique la différence, en quelque sorte absolue, entre l'habitant du comté de Nice et le piémontais, son voisin d'au delà des Alpes, et l'affinité de mœurs qui le rapproche et le fait confondre avec son voisin le provençal. Nous nous occuperons bientôt de cette considération. Le Niçois, comme l'habitant du comté de Nice, ne veut pas être italien. On a prétendu aussi, il est vrai, qu'il ne veut pas davantage être français, mais qu'il veut rester Niçois. Encore une légende

16.

qui s'est accréditée et qui ne repose, comme les autres, que sur des allégations vagues, sur des on-dits incertains, sur des équivoques habilement entretenues.

Qui pourrait faire un grief aux Niçois d'être attachés presqu'avec idolâtrie, à leur beau pays? Qui leur en voudrait de s'enorgueillir de ce nom de Niçois, qui rappelle une contrée comblée par la nature ?

Le Niçois est fier d'être Français. Et pour être fixé à cet égard, il suffira d'évoquer le souvenir de son enthousiasme à la vue des trois couleurs. Il suffira d'avoir assisté à la réception que Nice fit au premier magistrat de la République, M. Carnot.

Rappelons le départ de Nice d'un régiment qui y avait longtemps tenu garnison. Le 111e régiment d'infanterie, appelé en Corse, quittait Nice, et une escorte immense le suivait jusqu'à Ville-franche. Là, un adjoint de la ville de Nice, M. Médecin, faisait au colonel les adieux de toute la population.

Rappelons aussi le mandat impératif donné il y a quatre ans aux candidats au Conseil municipal par tous les électeurs, d'avoir à remplacer aussitôt après leur nomination, l'opéra italien par l'opéra français dans cette ville.

Rappelons enfin, toutes les occasions où le peuple est heureux de montrer son attachement à la patrie française. Fêtes nationales, cérémonies publiques, anniversaires des faits glorieux de notre histoire.

Des ignorants s'étonnent quelquefois des sympathies que les Niçois peuvent avoir gardées pour l'Italie. Disons tout d'abord que sur ce point, et malgré les malentendus qui ont pu nous séparer de l'Italie, il n'en existe pas moins un courant réel et réciproque de sincère amitié entre les deux pays.

Ce serait, d'ailleurs, faire injure aux Niçois, injure à leurs souvenirs, que de croire qu'ils ont pu oublier les bienfaits que leur a valu le gouvernement des comtes de Savoie, et ne pas se rappeler qu'ils ont été réunis autrefois à des provinces aujourd'hui italiennes.

Il faut constater que, par un sentiment extrêmement délicat, les Niçois n'ont jamais exprimé les sympathies qu'ils peuvent avoir pour l'Italie, qu'avec la plus grande réserve. Il ne faut pas oublier qu'ils ont donné le plus noble exemple de désintéressement, lorsqu'une récente loi de douanes leur fermait tous les débouchés de l'Italie, rendant les conditions de l'existence beaucoup plus difficiles.

Ont-ils fait entendre autrement que par leurs représentants au parlement, la moindre récrimination ? Et s'ils ont gardé le silence, n'est-ce pas parce qu'ils ont pu penser que leurs réclamations pourraient être mal interprêtées dans certains milieux et par certaines personnes ?

Ce silence est d'autant plus significatif, que sous les gouvernements sardes, les Niçois ne se sont jamais fait faute de protester hardiment, lorsque leurs intérêts paraissaient lésés. C'est donc que les Niçois placent aujourd'hui l'amour de la patrie française, la leur, au-dessus de leurs propres intérêts.

Il nous restera à traiter une question délicate. Avant tout, nous tenons à affirmer notre entière sincérité, et rappeler à ceux qui voudraient voir dans les lignes qui vont suivre, une arrière-pensée, que notre œuvre n'est pas une œuvre de polémique, mais une œuvre d'histoire.

Nice... berceau de Garibaldi.

—

Une erreur consacrée.

Ceci dit, arrivons au fait.

Une des causes qui ont le plus longtemps accrédité la légende de Nice italienne, est que celle-ci donna le jour à Garibaldi. Et comme Garibaldi n'a jamais voulu reconnaître Nice française, on en conclut naturellement que Nice ne l'est pas.

Que Garibaldi soit niçois au sens strict du mot, nous ne le nierons pas ; nous trouvons que Nice doit être fière d'avoir donné le jour à un homme qui honora l'humanité toute entière par son courage et par son dévouement absolu à toutes les nobles causes. Nous avons applaudi avec tous les Niçois, avec tous les Français, avec tous les Italiens que n'aveugle pas un parti pris politique, lorsque nous avons vu se dresser sur une des places publiques de Nice, les traits mâles et fiers du valeureux soldat.

Mais si Garibaldi est né à Nice, quelle était son origine ? Voilà ce que nous devons rechercher, voilà ce qu'il faut faire ressortir.

Or, Garibaldi n'est pas Niçois d'origine ; ses ancêtres et sa famille étaient génois, c'est-à-dire italiens. Nous comprenons que d'origine génoise, né à Nice lorsque celle-ci était sous la dépendance du roi de Piémont, Garibaldi n'ait pas voulu renier une nationalité à laquelle il appartenait par sa naissance et par sa famille.

Mais qu'on tire de là un argument en faveur de Nice italienne, c'est ce que nous ne pouvons, avec Cavour, ni reconnaître, ni admettre.

Voilà pourtant comment s'est formée une légende qui, aujourd'hui encore, est accréditée dans certains milieux, et qui, en raison de l'autorité et de la renommée de celui qui en est l'objet, a pu être acceptée avec un semblant de logique.

Il est cependant, tout aussi spécieux de soutenir la valeur de cette légende, que celle du paradoxe suivant :

Admettons pour un instant que Cahors qui donna le jour à un patriote, non moins célèbre que Garibaldi, à Gambetta, fut devenue par le hasard des conquêtes, une ville italienne.

Viendrait-on soutenir que Cahors, qui a vu naître Gambetta, lui aussi d'origine génoise, serait par cela une ville italienne ? Ne serait-cc pas là un argument enfantin ?

Pourquoi le même argument aurait-il plus de valeur appliqué à un fait absolument identique ?

Ainsi conçue, la discussion se place sur le terrain du bon sens et de la logique.

S'il n'en était pas ainsi, d'ailleurs, n'aurions-nous pas le droit de nous étonner, comme l'a dit Cavour, que la patrie qui donna le jour à Masséna, ne fut pas la patrie française ?

Nice italienne. Nous touchons maintenant à un point très complexe. L'étude forcément restreinte que nous avons entreprise, nous oblige à passer sous silence bien des questions pouvant intéresser directement la thèse que nous soutenons.

Examinons-en cependant les plus importantes.

Quels sont les intérêts qui peuvent militer en faveur de la réunion de Nice à l'Italie ?

Quels sont les intérêts qui résultent pour elle de son annexion à la France ?

Nice italienne ! Ses intérêts sont forcément restreints par sa position géographique qui, la mettant en dehors du pays à qui elle appartiendrait, la séparerait de par la loi des frontières, de la France où là seulement, elle peut trouver une source de revenus.

Nice italienne ! Voyez ce qu'a été la Nice savoyarde de cinq siècles, voyez la Nice piémontaise d'avant 1860 et voyez la Nice d'aujourd'hui.

Nice italienne ! Ce serait encore aujourd'hui la vieille cité provençale adossée au Château, la ville que sa situation topographique tiendrait forcément éloignée des faveurs et de l'intérêt du gouvernement qui la régirait.

Nice italienne ! Elle aurait encore le gouvernement personnel, le suffrage restreint, l'instruction payante.

Par son annexion à la France, Nice a vu sa po- **Nice française.**

pulation s'accroître dans des proportions extraordinaires, Nice a vu s'élever à côté de la vieille cité, une nouvelle ville aux larges rues.

Par son annexion à la France, Nice a augmenté son commerce, a pu, grâce au gouvernement, creuser un nouveau port, ouvrir de nouvelles communications, devenir enfin la ville florissante d'aujourd'hui.

Par son annexion à la France, Nice a vu les enfants du peuple accourir aux écoles que le gouvernement avait créées ; Nice a vu se substituer au gouvernement monarchique, le gouvernement du peuple par le peuple lui-même, où ses représentants nommés par les citoyens sans distinction de caste et de fortune, ont le droit de faire entendre librement ses vœux et ses désirs. Nice a vu non-seulement ses vieilles franchises respectées, mais encore augmentées, amplifiées, ses finances gérées par ses représentants directs.

Par son annexion à la France, l'ancien comté de Nice a vu partout, dans les grandes villes comme dans le plus modeste hameau, s'ouvrir de superbes écoles ; des voies de communication relier les communes qui la composent ; des voies ferrées sillonner son littoral, et pénétrer dans ses montagnes autrefois inaccessibles.

Si Nice et l'ancien comté n'ont pas encore obtenu tout ce qu'ils sont en droit d'espérer d'un gouvernement généreux, ils sont du moins certains d'être parmi les premiers entendus, lorsqu'ils ont à exprimer leurs desiderata.

Nice française a le droit de s'enorgueillir du titre qu'un de nos hommes d'État les plus éminents lui donnait : « la Benjamine de la France ».

Cette exposition rapide serait incomplète si nous ne la renforcions de preuves indiscutables. Nous les présenterons donc au fur et à mesure, avec l'impartialité que nous nous sommes imposée comme règle absolue.

CHAPITRE III

—

LES CONDITIONS DU TRAVAIL A NICE

—

Avant 1860, les conditions du travail, les tarifs du salaire, la distinction entre les catégories d'ouvriers étaient réglementés de telle façon, qu'ils constituaient une véritable atteinte à la liberté du travail et à la dignité du travailleur.

L'ingérence de l'administration municipale dans les questions de travail et de salaire, n'avait pas pour but de sauvegarder les intérêts de l'ouvrier, tout en respectant les droits du patron, de constituer en quelque sorte un socialisme d'État dont l'idée était trop nouvelle pour l'époque ; mais, sous prétexte de fixer d'une manière précise les conditions du travail et du travailleur, de concilier les droits de ce dernier avec ceux des citoyens en général, elles l'enfermaient dans une dépendance étroite.

Qu'on empêche un chef d'exploitation d'employer pour son travail un enfant au-dessous d'un certain âge, qu'on interdise aux femmes le travail de nuit, qu'on aille même jusqu'à fixer un minimum de salaire, ce sont là des règlements généraux ayant pour but de protéger l'ouvrier et sa famille, tout en respectant ses droits et en sauvegardant sa liberté.

Mais que par des règlements on crée des castes d'ouvriers, qu'on interdise à certains d'entre eux un travail déterminé, et surtout qu'on fixe un maximum de salaire, c'est là, de la part d'un État comme de celle d'une autorité quelconque, une ingérence tyrannique, disons le mot, un abus de pouvoir.

C'est pourtant ce qui se passait à Nice avant l'annexion. Des statuts de police urbaine réglementaient d'une façon rigoureuse les professions d'hôteliers, traiteurs, aubergistes, cabaretiers, marchands de vins, pâtissiers, confiseurs, cafetiers, liquoristes, chaudronniers, maréchaux-ferrants, serruriers, charrons, forgerons, taillandiers, tisserands, tanneurs, portefaix, conducteurs de haquets, ouvriers et personnes de service.

équarisseurs, ouvriers travaillant sur la voie publique, boulangers, meuniers, vermicélliers, bouchers.

Les obligations créées par ces statuts n'étaient pas toutes, hâtons-nous de le dire, draconniennes ; il en était de fort bien entendues, fort respectables, qui font honneur à la sage prévoyance de leurs auteurs.

Mais à côté d'elles, il en est qui présentent une telle oppression administrative, que nous n'hésiterons pas à les déclarer injustes.

Citons celles qui nous ont paru les plus rigoureuses.

Les portefaix occupés au déchargement des navires du port étaient assujettis à un maximum de salaire. Le règlement de police disait en effet :

« Le tarif ci-après fixe le maximum des prix dus aux portefaix pour leur salaire ; ils pourront traiter à des prix inférieurs, mais il leur est interdit de rien exiger de plus en aucune circonstance ; et quand ils auront fait un service pour le chargement, le déchargement et le transport, un seul recevra le salaire et ils partageront ».

L'administration, comme on le voit, ne se contentait pas alors de fixer un maximum de salaire injustifiable comme mesure d'intérêt général. Elle allait jusqu'à réglementer la façon dont ce salaire serait perçu et distribué aux ouvriers.

Plus loin, nous verrons que les portefaix étaient, de par la volonté du syndic, divisés en cinq escouades (?)

Les différents salaires étant tarifés, qu'arrivait-il ? L'entrepreneur préposé au chargement ou déchargement des navires, se trouvant protégé par le tarif maximum, traitait avec les armateurs dans des conditions très avantageuses, sûr d'avance que les revendications des ouvriers se heurteraient à ce maximum.

. . . .

Les boulangers devaient donner leur nom et prénoms, indiquer la rue ou le quartier dans lequel ils voulaient exercer, et prendre l'engagement de se soumettre aux conditions portées dans le règlement dont les principales consistaient à :

« Faire et à vendre du pain de trois qualités (la classification était faite par le syndic).

« N'employer dans la fabrication du pain que de la farine de pur froment, celui-ci devant être bien criblé, bien nettoyé des pierres, de la terre ou de tout autre corps étranger.

« Avoir leurs boutiques suffisamment garnies des trois qualités de pain.

« Ne pas vendre le pain avant qu'il ne fut parfaitement refroidi.

« Tenir leurs magasins ouverts depuis une heure avant le lever du soleil jusqu'à dix heures du soir.

« Ne vendre le pain que dans leurs boutiques.

« Avoir une réserve d'approvisionnement » (le délégué du syndic pouvait constater, en tous temps si cette réserve était suffisante).

Les infractions étaient punies de l'amende, et en dernier lieu, de la déchéance.

L'intérêt de la santé publique peut-il justifier de telles mesures ? N'indiquent-elles pas plutôt que l'administration entendait avoir la haute main sur toutes les branches du commerce ? Cette constatation est tellement vraie, qu'un boulanger ne pouvait cesser son industrie qu'un mois après en avoir fait la déclaration écrite à la mairie.

. . . .

Il en était de même pour les menuisiers, les vermicelliers.

. . . .

Les bouchers étaient divisés en deux catégories. Le règlement présente, pour leur profession, des particularités curieuses.

Ils ne pouvaient, sous aucun prétexte, faire porter la viande vendue, aux maisons particulières, aux hôtels, traiteurs, restaurants, auberges, cabarets ; il leur était expressément défendu de vendre de la viande sans os.

L'administration ne se contentait pas de contrôler le débitant ; elle s'en prenait aussi à l'acheteur qui, sur la demande d'un agent de la police, ne pouvait se refuser à faire connaître l'état civil de la marchandise achetée, c'est-à-dire la qualité, la quantité, le prix, et déclarer le nom du débitant, sous peine de saisie de la viande.

Le prix de la viande était fixé par un maximum ; dans certains cas, le conseil pouvait admettre la libre concurrence. Ce système demandait, d'ailleurs, de la part du commerçant, des formalités administratives assez compliquées, et un versement de garantie de cinq cents francs.

. . . .

Parmi toutes les professions réglementées, une seule nous paraît n'avoir été l'objet d'aucune entrave. C'est celle de cocher. Or, on avouera que c'est une des rares professions qui puisse

justifier, exiger même de la part de l'administration, une réglementation stricte, dans l'intérêt
de la corporation elle-même, tout autant que du
public.

A quoi cela tenait-il ? Peut-être au nombre
restreint de voitures, qui était alors de 400 environ. Nous pourrons néanmoins constater et nous
étonner, qu'une administration intervienne dans
des questions où elle pourrait rester étrangère,
pour ne pas s'occuper de celles où son intervention serait comprise et justifiée.

De toutes les anomalies que nous venons d'é-
numérer rapidement, se dégage une conclusion
générale que nous résumerons en quelques
mots.

Le travail à Nice, avant l'annexion, n'était pas
libre, puisque l'exercice de chaque profession
était subordonné à l'autorisation du syndic. Et
que l'on ne croit pas que le mot autorisation
n'indique qu'une simple formalité. En l'espèce,
cette autorisation impliquait le droit qu'avait
l'administration de refuser ou d'accorder l'exercice des professions. Aujourd'hui, et, pour quelques rares professions seulement, est exigée une
simple déclaration que l'administration ne peut
se refuser à recevoir.

L'ouvrier, loin d'être protégé, était soumis à un tarif maximum invariable au-delà duquel aucune revendication ne lui était permise, sous peine de contravention et d'amende. Les sévérités du règlement municipal portaient également atteinte à l'exercice du travail dans ses détails. Verrons-nous dans cette ingérence continuelle de l'administration, l'excuse de l'intérêt général ? Nullement. La meilleure critique que nous pourrons en faire sera de comparer la situation qu'elle a faite au travail et aux ouvriers, à celle faite par l'administration française ; nous en tirerons des conclusions qui sont tout à l'avantage de cette dernière.

L'administration française trouve l'ouvrier, en quelque sorte, enchaîné à ce règlement. Elle le délivre, lui accorde le droit d'être quelqu'un sans qu'il appartienne à une escouade. Lorsqu'il trouvera son salaire insuffisamment rémunéré, il pourra faire entendre à l'entrepreneur qui l'emploie, ses réclamations, sans que ce dernier puisse se retrancher derrière le maximum d'un tarif officiel. Le boucher, le boulanger, le vermicellier pourront ouvrir leurs magasins, les déplacer en ne tenant compte que de leur intérêt. L'expert, le commissaire ne viendront désormais plus chez eux, à moins qu'ils ne vendent des denrées nuisibles à la santé publique, ou qu'ils ne fraudent leurs clients sur la qualité et la nature de la marchandise. Dans aucun cas, le commerçant ne se verra déchu de son droit autrement que par la décision d'un tribunal de commerçants comme lui. Cette déchéance ne pourra être prononcée que pour non exécution de payements, ce qui n'a rien à voir dans l'exercice de la profession elle-même.

Il nous reste à parler des bienfaits de l'administration en faveur des ouvriers.

Elle leur a donné les syndicats professionnels : En leur permettant de s'unir, elle leur a concédé le droit de se solidariser pour la défense de leurs intérêts menacés, de faire entendre avec succès, leurs justes revendications. Et, comme la loi actuelle n'a pas voulu faire œuvre de partialité, elle a permis non-seulement les syndicats ouvriers, mais également les syndicats patronaux, voulant ainsi que ces associations se développent côte à côte pour leur permettre de trouver un terrain d'entente ,lorsque des difficultés surgissent. On peut juger de la bonté de l'œuvre par les résultats obtenus ; et combien ne compte-t-on pas de différends survenus entre patrons et ouvriers, applanis à la satisfaction des deux

Bienfaits
de l'admi-
nistration
française
en faveur
des
ouvriers.

parties, grâce à l'influence des syndicats ? L'œuvre du législateur français ne s'est d'ailleurs pas arrêtée là ; elle a constitué comme trait d'union entre les syndicats patronaux et ouvriers, les syndicats mixtes où ouvriers et patrons étudient ensemble leurs intérêts. Nous verrons particulièrement à Nice, l'idée de syndicat se faisant jour à travers l'incertitude qui avait succédé au régime antérieur à 1860, pour pénétrer définitivement dans nos mœurs ouvrières, s'y implanter fermement, gagner toutes les branches du travail.

Le plus ancien des syndicats qui se soit constitué à Nice, date du mois de septembre 1878 ; c'est la chambre syndicale des ouvriers menuisiers de la ville de Nice. Comme on le voit, ce sont les ouvriers qui ont commencé par donner l'exemple. Nous verrons ensuite se former la chambre syndicale des ouvriers peintres (3 juillet 1880), celle des ouvriers typographes et industries similaires (25 septembre 1881), celle des ouvriers serruriers (2 décembre 1882), et enfin, l'Union des chambres syndicales ouvrières de la ville de Nice (1er mai 1882) qui vient réunir les différents syndicats ouvriers dans un même faisceau.

Le premier syndicat patronal se constitue le 1er août 1883 ; ce sont les négociants en tissus qui prennent l'initiative de cette idée. Nous verrons ensuite éclore, la chambre syndicale des garçons cochers (décembre 1883), le syndicat patronal des tapissiers, marchands de meubles et miroitiers (11 mars 1885) ; la Société syndicale des pharmaciens (15 mai 1885) ; la chambre syndicale des ouvriers vermicelliers de la ville de Nice (11 août 1886) ; le syndicat patronal des marchands bouchers de la ville de Nice (14 septembre 1886) ; le syndicat des patrons boulangers (30 novembre 1887).

Le 19 juin 1888 se forme le premier syndicat professionnel mixte ; c'est aux fabricants tanneurs, fabricants commerçants et ouvriers en chaussures de Nice, que revient l'honneur de cette création. La chambre syndicale des propriétaires de voitures de place et de remise de Nice (2 août 1889) ; la chambre syndicale des coiffeurs de Nice et de la région (12 mars 1890) ; chambre syndicale de la carrosserie et du charronnage à Nice (31 mai 1890) ; syndicat des agriculteurs des Alpes-Maritimes, syndicat des employés de commerce de la ville de Nice (1er août 1891) ; syndicat des ouvriers coiffeurs de la ville de Nice

(15 juillet 1891) ; syndicat des ouvriers et ouvrières des tabacs.

Un fait digne de remarque et qui prouve l'utilité des syndicats professionnels ; c'est combien peu se sont dissous de ceux qui s'étaient constitués ; presque tous, bien au contraire, ont acquis de jour en jour plus d'importance. Aussi peut-on prévoir le moment prochain où toutes les catégories d'ouvriers seront syndiquées.

Il n'est pas moins intéressant de constater que l'arrondissement de Grasse qui, par le fait de l'annexion n'avait fait que changer de département, resta, en quelque sorte, rebelle à la constitution de ces associations ouvrières, alors que l'ancien comté de Nice, et particulièrement Nice éprouvaient pour cette nouvelle idée un enthousiasme qui s'est traduit, nous venons de le voir, par la formation d'un grand nombre de ces institutions.

La mutualité à Nice depuis l'annexion

Il nous restera à dire un mot des sociétés de secours mutuels. Le développement peut se constater plus rapide, immédiatement après l'annexion française. Nous ne croyons mieux faire que donner la liste des sociétés qui se sont constituées dans l'ancien comté, avec la date de leur formation :

Notre-Dame de l'Assomption à Nice (21 novembre 1860). —La commune à Sospel (8 mai 1864). — La commune à Villefranche (11 juillet 1867). — Saint-Michel à Menton (19 septembre 1867). — Sainte-Réparate à Nice (26 septembre 1867). — Instituteurs et institutrices du département à Nice (5 juillet 1867). — Saint-Honoré, ouvriers boulangers (21 septembre 1868). — L'Union à Nice (23 novembre 1871). — Ségurane à Nice (1er décembre 1873). — La Bienfaisante, employés d'hôtel à Nice (3 juin 1878).— La Fraternelle, société des cuisiniers à Nicc (22 mai 1883). — Société nationale de tir (13 décembre 1879). — Société philanthropique militaire et de secours mutuels des officiers retraités des Alpes-Maritimes à Nice (26 avril 1881). — Société des musiques municipale et de Saint-Roch à Nice (23 juin 1881). Médecins du département (20 juillet 1881). — Commis et employés à Nice (17 novembre 1888). — La Très-Sainte-Trinité à Nice (8 décembre 1890). — Gonfalon à Nice (26 octobre 1882). — Société des cordonniers de Saint-Crépin à Nice (21 octobre 1881). — Anciens sous-officiers des Alpes-Maritimes à Nice (14 juin 1883). — La confraternité des employés de la préfecture et des sous-préfectures à Nice (22 novembre 1883). — Employés de la maison Tordo et Cie, dite Saint-

Eloi à Nice (7 juin 1884). — La Prévoyance, garçons bouchers à Nice (25 septembre 1884). — Société ouvrière de Menton (9 août 1884). — Société de secours mutuels de la Turbie (15 février 1886). — Etoile Niçoise (1er décembre 1886). — Commune de Roquebrune (21 février 1887). — Sauveteurs des Alpes-Maritimes à Nice (21 février 1889). — Saint-Joseph à Roquebrune (27 juin 1887). — Anciens militaires des armées de terre et de mer à Nice (22 juin 1887). — Société de l'Escarène (12 janvier 1888). — L'Amitié Niçoise (24 février 1888). — La Fraternité à Nice (8 mars 1888). — La Fraternelle à l'Escarène (25 septembre 1888). — La Société de Saint-Martin-Vésubie (9 mars 1888). — La Corse à Nice (31 mars 1888). — Société nouvelle des sapeurs-pompiers de Nice (14 décembre 1888). — La Liberté à Nice (20 août 1889). — Les Médaillés du Tonkin et de Madagascar à Nice (20 août 1889). — Société de Lantosque (8 avril 1890).— Société confraternelle militaire des officiers en retraite des Alpes-Maritimes (25 juin 1890). — Les Travailleurs du Livre à Nice (21 janvier 1891). — La Fraternelle des agents non commissionnés de la Cie P.-L.-M. à Nice (5 juin 1891). — Saint-Barthélemy à Nice (24 décembre 1891). — Société des patrons et ouvriers vanniers à Nice (22 janvier 1892). —

Employés des tramways de Nice (1892).—Ouvriers de Nice (18 octobre 1892).

En résumé, sur 55 sociétés fondées dans le département depuis l'annexion, 38 se sont constituées à Nice même, 10 dans le reste de l'ancien comté, et 7 seulement dans l'arrondissement de Grasse.

On voit par là l'extension prise par la solidarité et la mutualité, surtout chez les ouvriers.

Qu'on nous permette ici une digression. Nous avons dit ce qu'a fait pour l'ouvrier l'administration française ; il faut dire ce qui reste à faire.

Déjà, les pouvoirs publics et nos assemblées se sont occupés de ce qu'il est convenu d'appeler la question sociale. Nous n'avons pas la prétention, ni les moyens de soumettre un programme complet sur la matière. Cependant après avoir constaté que l'administration française a fait beaucoup pour l'ouvrier, nous lui demanderons de compléter son œuvre. Nous lui demanderons de donner à l'ouvrier non seulement la facilité qu'il a déjà de pouvoir, par le moyen de la solidarité et de la mutualité, trouver l'amélioration de sa position sociale ; mais encore d'encourager et seconder ses efforts par l'établissement de sociétés coopé-

ratives d'approvisionnement, de maisons ouvrières, d'exemption d'impôts mobiliers ; nous lui
demanderons de s'occuper scrupuleusement de
toutes les questions qui intéressent l'hygiène de
la famille, de l'ouvrier, qui verra alors que la
France continue envers lui une politique de protection et de soutien.

Dans cette noble tâche, l'administration ne
trouvera pas seulement l'approbation de tous les
ouvriers, elle trouvera encore l'aide et l'appui de
tous ceux qui, à Nice, ont pris à cœur de faire
aimer le nom de la France.

Nous avons cru utile et en quelque sorte hu-
manitaire d'examiner d'abord les bienfaits de
l'administration française à l'égard du travailleur;
car nous ne devons pas oublier que l'ouvrier
constitue l'élément le plus sérieux et le plus
digne d'intérêt de la société.

CHAPITRE IV

—

ADMINISTRATION SARDE ET ADMINISTRATION FRANÇAISE

—

Nous allons passer successivement en revue les améliorations que l'annexion française a values, au point de vue général, au comté et à la ville de Nice.

La première remarque qui s'impose à l'attention de l'historien est que l'administration Sarde ne fît rien pour Nice ou à peu près rien, en ce qui concerne les travaux publics.

La découverte récente d'un document donne à ce sujet la preuve la plus évidente de la négligence des gouvernements Sardes vis-à-vis de Nice.

Nous avons eu sous les yeux un plan de travaux à effectuer au port de Nice, dressé par les ordres et sur l'initiative de Napoléon Ier. Chose curieuse, le projet élaboré alors, était absolument le même que celui mis à exécution ces dernières années. Cette coïncidence prouve que lors de la première annexion à la France, l'administration rechercha les moyens d'agrandir le port, et nul doute que les projets qu'elle avait élaborés n'eussent été réalisés, si le traité de 1815 n'avait enlevé Nice à la France. Le gouvernement Sarde avait trouvé ces projets tout préparés ; cependant il ne fait rien et garde une insouciance absolue pendant le temps que dure son occupation, c'est-à-dire pendant 45 ans.

Ce n'est pas seulement dans cette question du port qu'il nous a été donné de constater l'apathie de l'administration et du gouvernement Sardes. Voies de communication, bâtiments et œuvres hospitalières, entretien des forêts, bâtiments scolaires, demeurèrent de même sans la moindre amélioration, et le gouvernement Français dut, après l'annexion, dresser un programme détaillé des réformes à faire, des modifications à apporter en tout et pour tout.

Il se mit résolument à l'œuvre, et son initiative s'appliqua tout d'abord à la réalisation de grands travaux d'intérêt public ; c'est ainsi que furent établis le chemin de fer de Nice à Marseille, la grande route départementale qui suit la vallée de la Vésubie, de nombreux chemins vicinaux dont presque tous les villages étaient dépourvus.

Chaque commune, chaque hameau fut bientôt doté d'un établissement scolaire réunissant toutes les garanties d'hygiène et de salubrité nécessaires à la santé de ses jeunes hôtes, et qui atteste la générosité et la protection que le gouvernement de la France prodigue à tout ce qui intéresse l'instruction et la santé des enfants.

En résumé, il suffira de comparer les chiffres de la dépense faite pour les travaux publics par le gouvernement Sarde, avec ceux qu'a atteints le gouvernement Français. Alors que le premier employa une somme que l'on peut fixer à cent vingt mille francs par an (exactement 112.000); le gouvernement Français dépensa dans les dix premières années qui suivirent l'annexion, soixante-quatre millions, ce qui fait une dépense annuelle de six millions environ (exactement 6.400.000 francs). Il est donc certain que le gouvernement Français a dépensé, pour servir les intérêts du comté de Nice, une somme annuelle cinquante fois plus forte que celle qu'employait le gouvernement qui l'avait précédé.

A cet argument irréfutable, on a essayé de répondre en insinuant que le Niçois paye maintenant un impôt beaucoup plus élevé que celui qu'il payait avant 1860 ; de même, la vie matérielle serait aujourd'hui beaucoup plus chère, ainsi que les loyers, etc... Si le Niçois d'aujourd'hui paye un fort impôt, qui est la conséquence de nos malheureuses défaites de 1870, à la réparation desquelles les Niçois ont toujours contribué de grand cœur et sans faire entendre le moindre murmure de mécontentement, disons aussi que ses revenus ont également suivi une progression ascendante très accentuée. Que nous importe que l'ouvrier de 1860 ne payât qu'un impôt très léger, qu'il fût logé à un prix de bon marché incroyable, si d'un autre côté le revenu que lui procurait son travail était à peine suffisant pour payer cet impôt et son loyer, si modestes qu'ils fussent ?

Que nous importe que l'impôt soit plus élevé aujourd'hui, que les loyers soient plus chers, que la vie matérielle soit plus coûteuse, si l'ouvrier gagne suffisamment pour faire face à toutes les dépenses nécessitées par ses besoins ?

Soutenir cette thèse, équivaudrait à dire que les citoyens des États-Unis d'Amérique sont les victimes les plus intéressantes de la crise sociale, sous prétexte que la vie au-delà de l'Atlantique revient à des prix que l'ouvrier d'Europe regarde comme fabuleux.

Cet argument ne mérite donc pas d'arrêter plus longtemps notre attention. Il donne cependant une indication bien exacte sur la campagne de griefs péniblement échafaudés contre l'influence française à Nice. On relève ainsi certains faits, on les entoure d'un semblant de logique, et on les produit croyant que le peuple, facilement impressionnable, se laissera prendre au piège. Mais le peuple aujourd'hui raisonne, le peuple veut comprendre le fond des choses, et il se rend parfaitement compte de quel côté est l'exagération, de quel côté sont ses intérêts. Le peuple répond alors. Et chacune de ses réponses est un démenti formel à ces accusations vaguement lancées, à ces comparaisons perfidement établies, à ces pièges habilement dissimulés. Chacune de ses réponses est une protestation de sympathie et d'amour pour la patrie Française, et atteste sa reconnaissance. Il supporte fièrement et sans murmures les charges nombreuses que des circonstances pénibles ont valu à tous ceux qui ont la qualité de citoyen français.

Le développement des voies de transport, donna au commerce une plus grande importance dans le comté. Ses relations, avec l'arrondissement de Grasse surtout, devinrent fréquentes. Le mouvement industriel suivit la même marche ascendante.

On construisit de nouveaux quais, de nouveaux boulevards, et les *carreiroù* (1) d'avant 1860, firent bientôt place à de grandes et belles avenues.

Cet esprit d'embellissement continue d'ailleurs. Chaque jour de nouvelles habitations, construites d'après toutes les règles de l'hygiène et du confortable, s'élèvent sur les ruines des masures insalubres d'autrefois.

Il n'est pas moins intéressant de se rendre compte des avantages moraux acquis par le comté de Nice. Si avant 1860, la liberté de conscience existait en principe, elle était illusoire de fait. La religion catholique étant la religion de l'Etat, les autres devenaient suspectes. Une preuve en est l'acte par lequel le gouvernement ordonna la fermeture des cafés aux heures des offices, mesure qui faillit amener une émeute populaire.

(1) Ruelles.

Une autre preuve de cette intolérance : on interdisait l'accès de certaines écoles aux jeunes israélites.

C'était plus que de l'intolérance, lorsque le code piémontais autorisait à convoler en secondes noces l'israélite qui, ayant renié la religion de ses pères, embrassait la religion catholique. C'était là un divorce déguisé, qui ne pouvait trouver de justification devant la conscience, ni devant la morale.

Le gouvernement n'était pas libéral envers les ministres du culte reconnu. Traitements dérisoires, nulle pension de retraite, tel était le sort réservé aux curés et aux desservants d'alors.

Aujourd'hui, le plus humble desservant trouve dans son traitement des revenus suffisants, et peut espérer que sa vieillesse sera à l'abri du besoin.

L'instruction primaire qui avait été l'objet des soins du gouvernement piémontais n'avait pu se développer. L'annexion française trouva, en effet, dans l'arrondissement de Nice, 33 communes sur 47, dépourvues de toute école et de tout enseignement.

L'instituteur était payé en partie par la commune, en partie par les redevances des parents.

Cette situation attira l'attention immédiate du gouvernement français. Dès 1861, les écoles commencent à fonctionner dans presque toutes les communes ; depuis, non-seulement chaque commune, mais encore chaque hameau, et dans les communes importantes, chaque section, a vu s'élever un bâtiment scolaire.

L'enseignement secondaire fut également l'objet des soins du gouvernement français. Dès la première année de l'occupation, le nombre des élèves de l'ancien collège national devenu lycée impérial augmenta du double.

L'instituteur reçut un traitement plus élevé, vit sa position s'améliorer, et possède actuellement un traitement fixe directement payé par l'état qui ne cesse de donner chaque jour de preuves de son intérêt envers cette intéressante corporation.

Ce sera un grand honneur pour la France d'avoir compris qu'en organisant l'instruction publique, elle facilitait le commerce, développait l'industrie, et donnait à ses enfants nouvellement adoptés, le bien-être et l'aisance.

CHAPITRE V

Pour terminer l'exposé des avantages procurés au comté et à la ville de Nice par l'annexion, nous devons nous occuper de l'accroissement de la population et de l'augmentation de la fortune locale. Nous nous servirons, à cet effet, d'un travail des plus complets, que M. le docteur Balestre, le distingué et savant directeur du service de la médecine départementale, a présenté au Conseil général. Nous lui emprunterons les tableaux statistiques annexés à cette étude faisant connaître la population totale, la valeur du centime, le revenu annuel et le total des centimes de l'ancien comté de Nice, pendant les années 1861, 1871, 1881, 1891.

CANTONS	COMMUNES	Superficie du territoire en hectares	en 1861 — Population totale	en 1861 — Valeur du centime	en 1861 — Revenus annuels	en 1861 — Total des centimes	en 1871 — Population totale	en 1871 — Valeur du centime	en 1871 — Revenus annuels	en 1871 — Total des centimes	en 1881 — Population totale	en 1881 — Valeur du centime	en 1881 — Revenus annuels	en 1881 — Total des centimes	en 1891 — Population totale	en 1891 — Valeur du centime	en 1891 — Revenus annuels	en 1891 — Total des centimes
BREIL	Breil	5.800	2.706	75.78	6.256	[illegible]	2.595	77.13	9.084	22	2.538	82.26	9.658	62	2.696	84.50	13.394	46
	Fontan	4.961	3.356	69.70	8.942	[illegible]	1.194	72.60	17.639	16	1.205	28.85	10.591	20	1.158	31.76	8.778	20
	Saorge	7.001				[illegible]	1.892				1.528	44.34	16.738	26	1.319	45.05	15.644	38
CONTES	Berre	1.086	574	21.96	2.157	[illegible]	556	23.03	1.150	33	510	24.07	943	38	499	25.13	992	62
	Châteauneuf	2.115	1.298	63.76	645	[illegible]	1.244	65.72	106	26	1.221	67.13	752	64	1.161	68.29	307	60
	Coaraze	1.800	769	24.02	756	[illegible]	695	24.75	437	76	642	26.06	606	91	572	25.99	793	36
	Contes	1.947	1.707	84.37	3.330	[illegible]	1.560	88.18	1.843	41	1.681	104.98	1.436	75	1.634	112.13	1.571	45
	Drap	553	900	33.61	5.276	[illegible]	786	37.61	3.834	16	751	39 03	5.673	16	775	41.11	4.028	24
ESCARÈNE (L')	Escarène (L')	993	1.819	58.90	3.305	[illegible]	1.627	62.49	2.851	16	1.496	69.71	3.498	32	1.457	72.90	5.073	47
	Lucéram	6.464	1.158	52.93	2.132	[illegible]	1.090	55.08	2.587	16	1.034	58.43	3.992	33	1.048	56.15	4.072	31
	Peille	5.339	1.825	69.44	810	[illegible]	1.558	71.72	2.565	36	1.632	73.05	5.661	57	1.845	76.99	10.500	84
	Peillon	819	618	19.24	708	[illegible]	622	18.66	2.165	21	641	21.06	2.847	52	541	22.51	1.638	44
	Touët-de-l'Escarène	456	418	14.12	908	[illegible]	390	11.58	875	40	337	14.79	650	14	312	15.18	978	47
LEVENS	Aspremont	944	1.680	75.81	4.158	[illegible]	1.565	75.50	605	63	727	27.97	613	67	711	29.49	766	54
	Castagniers	766				[illegible]					645	27.79	185	121	543	29.09	216	34
	Colomars	672				[illegible]					567	23.95	327	41	586	25.38	485	58
	Duranus	1.610	252	7.10	200	[illegible]	220	7.61	720	14	208	7.74	1.287	14	178	8.01	1.202	35
	Levens	2.985	1.800	79.66	4.376	[illegible]	1.733	81.24	3.690	24	1.508	82.92	3.617	61	1.647	88.67	3.136	47
	Roquette (La)	495	804	43.06	2.215	[illegible]	315	91.68	474	38	409	20.21	681	38	388	21.19	713	55
	St-Blaise	803	771	19.12	197	[illegible]	298	19.61	28	41	365	19.98	298	42	257	20.26	211	38
	St-Martin-du-Var	491	»	»	»	[illegible]	431	24.33	»	13	514	30.10	616	14	548	33.47	1.386	10
	Tourrette-de-Levens	1.650	1.472	45.17	2.400	[illegible]	1.223	48.18	2.430	31	1.220	57.50	3.228	34	1.159	54.69	2.297	25
MENTON	Castellar	1.235	786	28.12	2.076	[illegible]	752	28.77	2.896	22	751	29.50	3.703	27	734	29.81	2.553	20
	Gorbio	702	515	16.76	392	[illegible]	488	16.60	1.592	19	496	17.77	2.491	17	552	19.36	1.912	10
	Menton	1.373	4.904	398.50	30.914	[illegible]	5.518	515.39	80.265	25	11.000	1.028.96	254.925	33	9.050	1.305 19	270.500	43
	Cabbé-Roquebrune	930	844	59.80	5.130	[illegible]	828	59.62	1.609	13	1.068	65.55	3.907	14	2.157	100.80	3.732	20
	Ste-Agnès	938	551	16.98	2.508	[illegible]	534	17.16	2.575	33	517	18.27	2.485	85	532	18.41	2.090	77
ICE (Est et Ouest)	Nice	7.192	48.273	3.537.80	670.000	[illegible]	50.230	5.503.84	988.000	25	66.279	8.498.64	1.808.988	21	88.273	11.223 54	2.066.000	38
	Falicon	517	563	31.83	613	[illegible]	500	33.69	98	46	536	34.57	312	65	438	33.63	213	43
	St-André	286	720	29.90	1.310	[illegible]	654	31.74	455	29	652	34.45	653	58	601	26.51	671	55
	Trinité-Victor (La)	1.491	1.452	34.82	1.065	[illegible]	1.349	37.71	2.930	56	1.250	38.91	2.836	86	1.443	41.00	2.690	125
T-MARTIN-VÉS.	Belvédère	4.541	1.280	29.78	9.390	[illegible]	1.210	30.20	5.354	16	1.226	30.51	7.109	26	1.226	32.78	6.758	18
	Bollène (La)	3.553	767	21.86	10.141	[illegible]	764	31.31	2.354	13	651	25.29	3.338	13	588	25.35	4.217	10
	Roquebillière	2.592	1.742	53.65	3.789	[illegible]	1.720	55.90	3.335	20	1.717	61.21	4.990	17	1.669	69.22	3.518	34
	St-Martin-Vésubie	1.435	2.084	51.68	6.327	[illegible]	2.002	53.91	10.367	13	1.952	66.38	10.667	13	1.643	85.26	8.143	22
	Venanson	1.798	253	7.37	2.369	[illegible]	266	7.45	2.400	13	248	7.50	4.632	13	239	7.68	4.115	10
OSPEL	Castillon	752	314	10.00	950	[illegible]	315	10.05	1.002	13	312	10.28	1.179	14	295	11.41	793	10
	Moulinet	4.107	1.172	29.50	3.593	[illegible]	1.005	30.97	4.652	13	910	32.52	6.562	14	813	33.58	8.169	18
	Sospel	6.239	3.936	140.52	9.401	[illegible]	3.547	142.76	9.271	38	3.425	155.41	11.631	76	3.887	160.13	12.261	81
TELLE	Lantosque	4.511	2.417	44.27	16.064	[illegible]	2.130	42.66	3.553	16	1.903	43.33	3.418	17	1.974	46.01	4.287	16
	Utelle	6.790	2.172	51.16	4.564	[illegible]	1.905	52.42	3.453	13	1.827	59.17	4.440	49	2.360	54.54	3.734	71
ILLEFRANCHE	Eze	952	570	16.92	3.773	[illegible]	521	17.69	3.292	*	764	24.38	3.779	17	728	23.55	2.907	13
	Turbie (La)	1.219	848	33.44	1.967	[illegible]	1.206	36.32	3.246	»	2.338	48.20	5.843	21	3.434	116.59	13.734	13
	Villefranche	828	2.911	68.38	11.790	[illegible]	2.540	78.98	16.000	*	3.489	96.70	31.102	16	4.958	177.47	34.860	13

en 1861 — Population totale | Valeur du centime | Revenus annuels | Total des centimes

CANTONS	COMMUNES	Superficie du territoire en hectares	Population totale	Valeur du centime	Revenus annuels	Total des centimes
GUILLAUMES	Beuil	7.564	589	29.61	890	13
	Châteauneuf-d'Entraunes	2.292	263	9.75	292	66
	Daluis	4.002	374	10.60	399	58
	Entraunes	8.145	479	27.62	660	21
	Guillaumes	8.702	1.117	43.24	982	19
	Péone	4.859	646	27.30	453	13
	St-Martin-d'Entraunes	4.804	623	18.55	1.193	19
	Sauze	2.778	297	11.08	635	21
	Villeneuve-d'Entraunes	2.824	334	10.31	2.079	43
PUGET-THÉNIERS	Ascros	1.777	518	16.61	880	13
	Auvare	1.828	118	5.59	878	28
	Croix (La)	3.006	396	13.14	308	43
	Penne (La)	1.818	391	10.93	173	84
	Puget-Rostang	2.246	177	10.77	331	93
	Puget-Théniers	2.164	1.304	56.70	2.203	13
	Rigaud	3.253	470	28.23	397	13
	St-Léger	460	125	4.83	80	101
ROQUESTERON	Bonson	652	408	47.59	980	29
	Cuébris	2.309	301	13.19	69	60
	Gilette	1.018	803	35.75	1.192	28
	Pierrefeu	2.228	250	13.24	29	32
	Roquesteron	879	440	23.19	400	59
	St-Antonin	651	116	3.80	»	106
	Sigale	641	454	24.90	715	13
	Toudon	562	480	19.25	554	30
	Revest	1.856	385	15.07	193	22
	Tourrette-du-Château	974				
ST-ETIENNE-DE-TINÉE	Isola	4.768	1.145	»	6.504	13
	St-Dalmas-le-Selvage	8.102	505	21.54	6.556	13
	St-Etienne-de-Tinée	17.381	2.106	74.55	4.407	19
ST-SAUVEUR	Clans	3.778	814	31.61	6.163	19
	Ilonse	4.065	493	18.76	758	77
	Marie	1.472	254	5.45	611	13
	Rimplas	1.296	239	2.73	250	13
	Roubion	2.725	350	11.59	539	13
	Roure	4.065	592	16.29	3.488	13
	St-Sauveur	1.394	618	14.72	2.614	13
	Valdeblore	2.957	1.060	23.03	4.513	13
VILLARS	Bairols	1.524	259	5.69	456	109
	Lieuche	1.340	158	3.66	116	113
	Malaussène	1.948	378	15.38	702	[illegible]
	Massoins	1.213	286	12.71	505	[illegible]
	Pierlas	3.131	193	6.62	210	[illegible]
	Thiéry	2.223	229	9.33	995	[illegible]
	Touët-de-Beuil	1.497	417	17.61	798	[illegible]
	Tour (La)	3.670	919	21.42	1.144	[illegible]
	Tournefort	1.013	194	7.05	1.217	[illegible]
	Villars	2.527	906	38.69	3.521	[illegible]

en 1871 — Population totale | Valeur du centime | Revenus annuels | Total des centimes

COMMUNES	Population totale	Valeur du centime	Revenus annuels	Total des centimes
Beuil	568	30.16	4.980	13
Châteauneuf-d'Entraunes	250	9.90	1.251	13
Daluis	385	10.55	578	20
Entraunes	436	27.89	»	28
Guillaumes	1.173	43.74	1.190	16
Péone	643	27.40	2.647	13
St-Martin-d'Entraunes	584	18.76	»	48
Sauze	253	11.15	49	13
Villeneuve-d'Entraunes	305	10.74	1.413	13
Ascros	476	16.45	521	61
Auvare	126	4.61	635	25
Croix (La)	510	13.89	288	11
Penne (La)	297	11.10	443	16
Puget-Rostang	193	11.13	142	116
Puget-Théniers	1.201	58.79	1.537	13
Rigaud	555	20.46	861	31
St-Léger	128	4.75	103	66
Bonson	375	17.40	266	13
Cuébris	310	12.92	56	81
Gilette	728	31.95	559	58
Pierrefeu	280	13.51	108	47
Roquesteron	471	23.81	265	13
St-Antonin	118	3.79	9	121
Sigale	428	21.90	953	37
Toudon	527	19.61	809	60
Revest	189	16.63	530	13
Tourrette-du-Château	191			
Isola	1.189	21.94	5.076	13
St-Dalmas-le-Selvage	461	21.38	7.308	16
St-Etienne-de-Tinée	2.152	74.45	6.296	27
Clans	814	31.46	4.426	13
Ilonse	401	18.69	1.691	106
Marie	247	5.74	521	57
Rimplas	177	2.57	1.411	17
Roubion	342	11.76	2.481	13
Roure	440	16.02	2.081	13
St-Sauveur	669	16.41	1.742	13
Valdeblore	971	20.48	5.238	20
Bairols	270	5.60	416	133
Lieuche	135	3.70	297	166
Malaussène	346	16.31	785	103
Massoins	218	12.51	580	123
Pierlas	188	6.52	1.134	103
Thiéry	217	9.31	913	48
Touët-de-Beuil	412	18.28	72	166
Tour (La)	898	21.53	2.165	31
Tournefort	240	7.03	380	143
Villars	847	37.46	1.747	66

en 1881 — Population totale | Valeur du centime | Revenus annuels | Total des centimes

COMMUNES	Population totale	Valeur du centime	Revenus annuels	Total des centimes
Beuil	580	30.17	52.73	31
Châteauneuf-d'Entraunes	234	9.84	1.579	11
Daluis	413	10.66	788	14
Entraunes	401	26.84	1.774	26
Guillaumes	1.289	46.05	2.781	17
Péone	641	28 »	2.843	20
St-Martin-d'Entraunes	550	19.98	1.813	55
Sauze	216	11.38	1.375	17
Villeneuve-d'Entraunes	270	10.91	1.757	14
Ascros	502	16.90	278	46
Auvare	126	4.61	676	17
Croix (La)	792	13.62	343	17
Penne (La)	305	11.24	148	28
Puget-Rostang	166	11.29	321	53
Puget-Théniers	1.426	63.35	1.889	32
Rigaud	511	20.90	1.090	22
St-Léger	117	4.79	156	11
Bonson	405	17.69	695	14
Cuébris	239	13.05	111	37
Gilette	682	36.14	553	68
Pierrefeu	231	13.65	1.029	14
Roquesteron	148	8.13	1.119	14
St-Antonin	458	24.37	685	14
Sigale	98	3.83	531	137
Toudon	438	25.79	1.318	70
Revest	503	19.60	1.026	64
Tourrette-du-Château	259	8.42	505	14
Isola	1.133	22.47	8.999	14
St-Dalmas-le-Selvage	313	24.04	8.314	17
St-Etienne-de-Tinée	2.121	73.15	8.487	57
Clans	771	31.93	5.387	29
Ilonse	435	18.79	2.374	14
Marie	255	5.77	627	125
Rimplas	184	2.11	1.041	18
Roubion	311	11.68	3.804	17
Roure	558	16 »	2.719	14
St-Sauveur	728	21.11	3.101	11
Valdeblore	868	20.70	6.479	21
Bairols	223	5.58	785	18
Lieuche	116	3.72	619	17
Malaussène	325	16.58	549	104
Massoins	185	12.49	628	19
Pierlas	208	6.49	1.734	11
Thiéry	229	9.25	1.142	105
Touët-de-Beuil	401	19.24	152	17
Tour (La)	822	22.52	1.841	56
Tournefort	173	6.64	514	170
Villars	817	39.56	1.892	37

en 1891 — Population totale | Valeur du centime | Revenus annuels | Total des centimes *(last column cut off at page edge)*

COMMUNES	Population totale	Valeur du centime	Revenus annuels	Total des centimes
Beuil	641	30.79	3.317	2
Châteauneuf-d'Entraunes	225	10.06	1.334	2
Daluis	405	11.20	902	2
Entraunes	396	27.68	1.287	4
Guillaumes	1.132	48.27	3.820	3
Péone	641	28.83	3.677	1
St-Martin-d'Entraunes	514	19.64	1.443	5
Sauze	232	11.38	1.191	1
Villeneuve-d'Entraunes	245	11.99	1.455	1
Ascros	439	17.09	99	[illegible]
Auvare	90	4.65	756	[illegible]
Croix (La)	430	14.35	53	[illegible]
Penne (La)	291	11.48	133	[illegible]
Puget-Rostang	151	11.10	321	[illegible]
Puget-Théniers	1.571	66.80	2.481	[illegible]
Rigaud	585	23.36	885	[illegible]
St-Léger	121	4.86	42	[illegible]
Bonson	381	18.12	671	1
Cuébris	222	13.31	88	2
Gilette	679	37.07	524	[illegible]
Pierrefeu	219	13.90	201	3
Roquesteron	118	8.29	565	[illegible]
St-Antonin	430	25.36	13	7
Sigale	119	3.84	996	6
Toudon	434	25.94	235	8
Revest	461	20.10	923	1
Tourrette-du-Château	175	8.77	530	2
Isola	1.076	23.04	7.384	1
St-Dalmas-le-Selvage	270	21.06	5.357	1
St-Etienne-de-Tinée	1.857	74.91	6.308	4
Clans	736	33.26	1.080	1
Ilonse	333	18.86	1.562	1
Marie	229	5.93	670	10
Rimplas	160	2.46	1.083	1
Roubion	484	12.55	4.054	8
Roure	502	16.29	2.852	1
St-Sauveur	686	21.38	2.060	1
Valdeblore	819	21.18	6.562	4
Bairols	225	5.81	356	4
Lieuche	99	3.74	913	5
Malaussène	1.049	17.48	336	7
Massoins	184	12.79	534	10
Pierlas	212	6.81	117	[illegible]
Thiéry	195	9.35	1.080	20
Touët-de-Beuil	902	19.52	72	4
Tour (La)	743	22.78	1.822	1
Tournefort	239	7 »	644	13
Villars	1.290	41.92	1.937	8

Ce travail présente la situation des anciennes communes du comté de Nice au point de vue de la population, de la valeur et de l'augmentation du centime, ainsi que du revenu communal en prenant les dates extrêmes 1861-1891.

Pour que cette étude puisse être aisément consultée, nous la présenterons par canton, chaque canton figurant une région dont les intérêts peuvent être considérés comme semblables.

ARRONDISSEMENT DE PUGET-THÉNIERS

Canton de Guillaumes

Sur 9 communes composant ce canton, la population a augmenté dans trois, et diminué dans six.

La valeur du centime a augmenté dans toutes.

Le nombre de centimes a diminué dans sept, et augmenté dans deux.

Le revenu a augmenté dans huit, et n'a diminué que dans une.

Canton de Puget-Théniers

La population diminue dans 4 communes, et augmente dans 3 — elle reste stationnaire dans une.

La valeur du centime augmente.

Le revenu annuel diminue dans 5, et augmente dans 3.

Canton de Roquesteron

La population diminue. La valeur du centime et le revenu annuel augmentent.

Canton de Saint-Étienne-de-Tinée

La population diminue. La valeur du centime baisse insensiblement. Le revenu annuel diminue.

Canton de Saint-Sauveur

La population diminue. La valeur du centime est restée à peu près stationnaire. Le revenu annuel augmente.

Canton de Villars

La population diminue. La valeur du centime augmente légèrement. Le revenu annuel diminue.

ARRONDISSEMENT DE NICE

Canton de Breil

La population diminue. La valeur du centime et le revenu annuel augmentent.

Canton de Contes

La population diminue. La valeur du centime augmente. Le revenu annuel diminue.

Canton de l'Escarène

La population diminue. La valeur du centime et le revenu annuel augmentent.

Canton de Levens

La population diminue. La valeur du centime et le revenu annuel augmentent.

Canton de Menton

La population augmente, ainsi que la valeur du centime et le revenu annuel.

L'augmentation est surtout sensible pour la commune de Menton, dans laquelle la population de 4.904 s'élève à 9.050, avec une augmentation de 84 %.

La valeur du centime de 398 francs 50 s'élève à 1.505 fr.

Le revenu annuel de 30.914 francs s'élève à 370.500 francs.

Cantons de Nice

La population augmente à Nice dans de grandes proportions, diminue dans les communes suburbaines. La valeur du centime et le revenu annuel augmentent.

Pour Nice, nous voyons que la population a presque doublé, s'élevant du chiffre de 48.273 à celui de 88.273.

La valeur du centime de 3.537 fr. en 1861 est en 1891 de 12.223 fr. 54, et le revenu annuel qui était de 670.000 fr. en 1861 est en 1891 de 2.066.000 fr.

Canton de Saint-Martin-Vésubie

La population diminue. La valeur du centime augmente, et le revenu annuel diminue.

Canton de Sospel

La population diminue. La valeur du centime et le revenu annuel augmentent.

Canton d'Utelle

La population et le revenu annuel diminuent, tandis que la valeur du centime augmente.

Canton de Villefranche

La population, la valeur du centime et le revenu annuel augmentent.

En ce qui concerne Villefranche elle-même, nous voyons une augmentation de 2.067 habitants sur une population totale de 4.958. La valeur du centime de 68 fr. 38 s'élève à 177 fr. 47, le revenu annuel de 11.790 fr. s'élève à 34.860 fr.

En résumé, nous voyons que la population de l'ancien comté de Nice, qui s'élevait en 1861 au chiffre de 126.147 habitants, atteint celui de 157.651, soit une augmentation totale de 31.504.

Il est à remarquer que si la population diminue dans les campagnes, elle augmente dans les villes.

Nous emprunterons maintenant au travail précité, la classification suivante des communes, d'après le mouvement de la population, la valeur du centime et les nombres de centimes.

1º Communes où la population et la valeur du centime ont augmenté, et où le nombre de centimes a diminué :

Daluis, Révest, Saint-Sauveur, Saint-Martin-du-Var, Gorbio.

2º Communes où la population est restée stationnaire, où la valeur du centime a augmenté, et où le nombre de centimes a diminué :

Péone, Castillon.

3º Communes où la population et la valeur du centime sont restées stationnaires, et où le nombre de centimes a diminué :

Saint-Léger, Saint-Antonin, Venanson.

4º Communes où la population a diminué, où la valeur du centime est restée stationnaire, et où le nombre de centimes a diminué :

Ilonse.

5º Communes où la population et la valeur du

centime ont augmenté, et où le nombre de centimes est resté stationnaire :

Gourdon, Eze, La Turbie.

6° Communes où la population a diminué, où la valeur du centime a augmenté, et où le nombre de centimes a diminué :

Châteauneuf-d'Entraunes, Sauze, Villeneuve-d'Entraunes, Auvare, La Penne, Bonson, Cuébris, Roquesteron, Puget, Isola, Clans, Bairols, Lieuche, Massoins, Aspremont, Castagniers, Duranus, Saint-Blaise.

7° Communes où la population a diminué, où la valeur du centime a augmenté et où le nombre de centimes est resté stationnaire :

Fontan, la Bollène.

8° Communes où la population et la valeur du centime ont diminué, et où le nombre de centimes est resté stationnaire :

Saint-Dalmas-le-Selvage, Saint-Etienne-de-Tinée.

9° Communes où la population a augmenté, où la valeur du centime et le nombre de centimes ont diminué :

Pierlas.

10° Communes où la population, la valeur du centime et le nombre de centimes ont augmenté :

Beuil, Guillaumes, la Croix, Rigaud, Puget-Théniers, Roubion, Malaussène, Touët-de-Beuil, Villars, Colomars, Menton, Roquebrune, Nice, Utelle, Villefranche.

11° Communes où la population, la valeur du centime et le nombre de centimes ont diminué :

Rimplas, Valdeblore.

12° Communes où la population a diminué, où la valeur du centime et le nombre de centimes ont augmenté :

Entraunes, Saint-Martin-d'Entraunes, Ascros, Puget-Rostang, Gilette, Pierrefeu, Sigale, Tourette-du-Château, Marie, la Tour, Saorge, Berre, Châteauneuf-de-Contes, Coaraze, Contes, Drap, l'Escarène, Lucéram, Peillon, Touët-Escarène, Levens, Tourrette-Levens, Castellar, Sainte-Agnès, Falicon, Belvédère, Roquebillière, Saint-Martin-Vésubie, Moulinet, Lantosque.

14° Communes où la population est restée stationnaire, où la valeur du centime et le nombre de centimes ont augmenté :

Breil, Peille, Sainte-Agnès, la Trinité-Victor, Sospel.

14° Communes où la population a diminué, où la valeur du centime est restée stationnaire, et où le nombre de centimes a augmenté :

Roure, Thiéry.

15° Communes où la population et la valeur du centime ont diminué, et où le nombre de centimes a augmenté :

La Roquette-sur-Var et Saint-André.

Ces deux dernières catégories comprenant 4 communes seulement, représentent celles où la richesse locale a diminué avec la population, et où les charges ont augmenté.

Tandis que la richesse augmente dans les grandes villes du littoral, on la voit rester stationnaire dans les villes montagneuses. **Les remèdes**

Le développement considérable donné aux voies de communication de toute nature, la prospérité sans cesse croissante des stations hivernales ont, en effet, eu pour résultat d'attirer dans les villes un grand nombre d'habitants des campagnes.

Il est utile, toutefois, de chercher le remède à une telle situation dont les conséquences pourraient être graves.

Il appartient, en effet, à la France dont l'influence générale sur le comté de Nice a eu les effets les plus heureux, de se soucier également de la prospérité des petites villes de nos montagnes.

C'est dans ce but que le parlement votait, il y a quelques années, le projet des chemins de fer de Nice à Puget-Théniers, — projet aujourd'hui réalisé.

C'est pour la même raison qu'il doit mettre à exécution les projets encore à l'étude pour reboiser les terrains de montagne, pour doter l'arrondissement de Nice d'un chemin de fer qui lui ouvre l'accès du Piémont, d'une ligne maritime qui la fasse communiquer directement avec l'Algérie.

Un de ces projets est aujourd'hui en bonne voie de réalisation. Les études techniques se poursuivent activement, et il y a tout lieu d'espérer que le parlement l'approuvera bientôt. Ce chemin de fer de Nice à Coni, si longtemps réclamé, sera, dans un prochain avenir, un fait accompli. En effet, la seule difficulté qu'on ait fait valoir jusqu'ici est la raison stratégique. Cette difficulté a disparu, puisque l'administration de la guerre ne s'oppose plus à son exécution.

Le service maritime entre Nice et l'Algérie procurerait à la ville de Nice une source abondante d'approvisionnement et de revenus industriels.

Quant à la réfection des terrains de montagne, le parlement a voté, l'année dernière, les sommes nécessaires. L'accomplissement de ce projet apportera une sensible amélioration à la situation des communes pauvres, en même temps qu'elle sera le remède le plus pratique contre les inondations qui, chaque année, ravagent les montagnes.

Il nous reste pour finir notre œuvre à discuter le projet présenté par les adversaires de Nice française, qui tendrait à donner à ce pays un gouvernement autonome.

Voici quelle est leur théorie : Nice, disent-ils, est plus utile à la France que la France n'est utile à Nice. Elle aurait donc tout intérêt à ne dépendre ni de l'Italie, ni de la France, mais bien à rester indépendante et neutre. Un tel système permettrait, d'ailleurs, à la France comme à l'Italie, d'avoir à leur extrême frontière un tampon qui les préserverait toutes les deux en les séparant.

Nice serait donc une république indépendante. Désormais, disent-ils, plus de service militaire, plus d'impôt, plus de charges.

La perspective est alléchante ; mais les Niçois, gens pratiques, sensés et patriotes, se sont bornés à sourire. Nous sommes bien comme nous sommes, ont-ils répondu.

Vous nous promettez l'indépendance, ne l'avons-nous pas ? — Ne sommes-nous pas libres actuellement d'exprimer notre pensée, de faire entendre ouvertement, par des citoyens choisis par nous, nos vœux et nos désirs ? — Nous avons la liberté de parole, la liberté du vote, la liberté de la presse, la liberté de conscience.— Cela nous paraît suffisant.

Abstraction faite des sentiments qui animent le peuple de Nice, examinons le côté simplement pratique de ce projet. En même temps qu'il est irréalisable, il n'apporterait à ce beau pays que la désillusion, l'anarchie et à bref délai, la misère.

Le régime de l'indépendance conduirait plus facilement à l'anarchie qu'à la liberté générale. Nul doute que par sa position géographique, Nice ne fut bientôt livrée aux rivalités des partis qui se créeraient. L'administration risquerait de tomber entre les mains d'un ambitieux, d'un incapable ou d'un intrigant. Nice deviendrait alors le théâtre de révolutions politiques, la proie de factions, ou la victime de prévarications.

Ne voit-on pas qu'au fond de toutes ces promesses, perce, de la part de leurs auteurs, le désir peu dissimulé de trouver leur compte dans une situation embrouillée ?

Une autre raison, et non la moindre qu'il convient d'envisager, est d'examiner, en cette occurence, la situation de Nice par rapport à la France.

Il lui serait matériellement impossible de se libérer envers elle, et de lui rembourser les sommes qu'elle a consacrées aux travaux publics, au développement de différentes œuvres, et institutions de ce pays.

Nice devrait donc rester sa débitrice. Comment la France pourrait-elle consentir à abandonner sur les finances et l'administration de la nouvelle république un contrôle qui serait sa seule garantie ?

Serait-ce son seul souci ? Non. Elle aurait encore à prévoir les menées des agitateurs dont elle ne saurait se désintéresser.

Il nous semble inutile d'insister plus longuement. Nice ne veut pas revendiquer une indépendance qui serait, pour elle, la pire des servi-
tudes. Il n'y a eu au fond de cette idée, qu'une
manifestation irrédentiste ; nous en avons fait
justice.

CONCLUSION

—

Notre œuvre est finie. Grâce aux arguments
que nous avons présentés avec la plus entière
bonne foi, il nous a été facile de prouver que
par son origine Nice est française, comme elle
l'est par son histoire. Nous avons démontré que
le langage employé à Nice était un idiome provençal, un idiome de la langue d'oc, c'est-à-dire
un idiome français.

Nous avons également prouvé que les sentiments que nourrissent les Niçois, à l'égard de la
France, sont ceux du plus pur patriotisme, du plus
sincère dévouement.

Nous avons fait la preuve que les avantages
de Nice sont tous du côté de la France, et
qu'aucun intérêt ne peut la rattacher à une nation dont elle n'a ni les origines, ni les mœurs,
ni les coutumes.

Mais que l'on ne nous attribue pas des sentiments qui sont loin de notre pensée. Que l'on

ne vienne pas nous accuser d'avoir prêché la discorde !

Nous sommes de ceux qui croient utile l'amitié de la France et de l'Italie. Nous la désirons d'autant plus que nous la croyons indispensable au bonheur des deux nations sœurs.

C'est même en sincère et fidèle admirateur de la jeune Italie, que nous avons voulu dissiper un malentendu dont on a profité quelquefois.

Nous avons essayé d'aplanir cette difficulté que nous avons souvent vu se dresser entre la sympathie réciproque des deux pays.

Prochainement, Nice va consacrer par l'érection d'un monument, le centenaire de sa première annexion. Ce sera le sujet de manifestations imposantes en faveur de la France. A ceux que ce livre n'aurait pu parvenir à convaincre, nous donnons rendez-vous à Nice, pour ces fêtes impatiemment attendues. Ils n'y entendront qu'un seul cri : VIVE LA FRANCE !

Ils verront tous les Niçois groupés autour de ce monument, symbole de leur dévouement à la France, gage indestructible de leur fidélité.

Nice, février 1893.

FIN

TABLE DES MATIÈRES

PREMIÈRE PARTIE

Le Passé

CHAPITRE Ier

CHAPITRE II

CHAPITRE III

CHAPITRE IV

CHAPITRE V

CHAPITRE VI

Chapitre VII

DEUXIÈME PARTIE

La Langue

CHAPITRE Ier

CHAPITRE II

TROISIÈME PARTIE

Les Intérêts

CHAPITRE Ier

CHAPITRE V

IMPRIMERIE J. VENTRE ET C¹ᵉ

Rue de la Préfecture, 6. — Nice

IMPRIMERIE J. VENTRE ET Cie
Rue de la Préfecture, 6. — Nice